台灣風土系列⑩

山脈的故事

審訂：施志汶
文：張友漁
封面繪圖：孫基榮
內頁繪圖：劉素珍

編者的話

近幾年來，政府積極推動鄉土教育，希望國中、小學學生能對台灣的風土文物有所認識。然而學校老師為了豐富自己鄉土的素養與知識，卻有資料難尋之感。聯經出版公司在出版金鼎獎童書《台灣歷史故事》之後，獲得各界熱烈回響，不時有家長、老師建議繼續開發、延伸此一系列著作。

有鑑於此，聯經出版公司經過資料蒐集與規劃，邀請兒童文學作家執筆，專業的史學、科學教授審校，並由插畫者配上精緻的插圖。於是一篇篇豐富又有趣的台灣風土系列故事，再次呈現在讀者面前。

《台灣風土系列》全套共十冊，包括：《開發的故事》、《民間信仰的故事》、《習俗的故事》、《海洋的故事》、《河流的故事》、《動物的故事》、《植物的故事》、《住民的故事》、《物產的故事》、《山脈的故事》。

本系列以說故事的筆法敘述，以主題事物爲主軸，涵蓋歷史、人文、自然、科學與生活，適合國小中、高年級以上的學生閱讀。相信閱讀過這套叢書之後，人人都能認識台灣風土，並對我們的生活與習慣有更多的了解。

序

張友漁

以前，我根本不愛爬山，因爲我有很嚴重的懼高症，超過三層樓的高度往下看，就會讓我背脊發涼，過去到現在，我的「吊橋恐懼症」，一直都沒有好轉過，不得不走過吊橋的時候，我都是動用四肢「爬」過去的。對一個平常光是看斷崖的圖片，就會雙腳發軟的人而言，是不適合爬山的。

八十七年八月，因爲工作關係，我跟隨南投縣東埔國小的少年登山隊，到馬來西亞攀登東南亞第一高峰——海拔四千零九十五點二公尺的基那巴魯山。雖然成功登上山頂，但是卻不愼摔了一跤，後腦勺摔了個洞，當下，我就發誓再也不爬山了。

下山的時候，我刻意提前下山，和隊伍保持著一段距離，讓自己一個人走在山徑上，用一種瀏覽騎樓旁商店櫥窗的方式，觀看山徑兩旁的植物，偶爾蹲在一朵不知名的小黃花前面，和她相互凝眸，久久捨不得起身離去；許多樹幹上長著苔蘚，苔蘚上長著一棵棵不知品種的淡黃色的蘭花，上山時我看見她了，但是我的心沒看見，這回重新相遇，秀麗的蘭花倩影至今在我的心版上依然清晰美麗。這樣美麗的邂逅哇！不知何時可以再經驗（驚豔）一次。這是我一次很難得的美妙經驗。

回國後，立即著手這本書的資料蒐集與寫作，我的腦海裡不斷放映馬來西亞神山山徑上的經歷，後來，我明白了，並不是神山具有某種特殊的魔力，而是山，山以一種我無法抗拒的力量透過記憶的影響力，召喚我。

我開始愛上爬山，經常去拜訪高雄的柴山，即使是小郊山，也能在大自然中獲得無窮的樂趣。

台灣是個多山的島嶼，每一座山中，除了珍貴的自然生態的知識外，還藏著許多的小故事，它們躲藏在大理石岩美麗的紋路裡，在某個古老的石階上，在峰巒層疊的山脈裡，在寫作這本書的時候，發現它們，讓我獲得很大的樂趣。但願，有一天，我不再那麼怕高的時候，能親身走進山林裡，去感覺、去觸摸。

目次

蓬萊造山運動

台灣島第一次冒出海平面，大約是在七千萬年以前發生「南澳造山運動」時，後來因為受到風化與地盤下陷再度沈入海底；在四百萬年前，發生「蓬萊造山運動」，台灣島正式誕生成為今天這個模樣。板塊推擠運動，至今仍持續進行著。

小飛雲是一朵精靈雲，他有千變萬化的本事。

小飛雲喜歡台灣這塊土地，不僅因爲從高空俯瞰山川大地的壯麗，還因爲這個像番薯形狀的島嶼就像他的孩子一樣，他看著他誕生，看他成長，看著第一批人民從亞洲大陸走過那片原是台灣海峽，後來因爲氣溫的變化，成爲一片陸地的地方到達台灣；接著，第二群人乘著小舟漂流到這個島，定居。然後，其他人也陸續乘著小船渡過有黑水溝之稱的台灣海峽，來到台灣，勤快的開墾這塊地。幾百萬年過去了，台灣終於發展成今天這樣繁榮的景象。誰也不曉得，幾千萬年以前，台灣島還只是一大片沈在海底的沈積物呢！

小飛雲的思緒回到一億年以前，當時他正巧旅行到亞洲大陸的上空，長途的旅行讓小飛雲感到疲倦，他決定在這片大陸上頭定居下來，因爲底下那片陸地住著許

多動物，偶爾可以到森林裡找些動物聊聊天，解解悶。

小飛雲這一待，就是幾百萬年。他喜歡靜靜的觀察河川流動的樣子，經常在一場大雨之後，河川就會從高山上一路夾帶著大量的泥沙，匯集到出海口，水流到大海裡，泥沙則堆積到淺淺的海灘上（大陸棚上），小飛雲估計這片大陸棚很快就要被這些沖刷下來的沈積物給填平了。

這天，小飛雲飛得很低，他感覺到從看不見的地底傳來了很恐怖的震動，平靜的太平洋海面上忽然翻騰起來，掀起了波濤巨浪，森林裡的動物在地面上亂竄，飛禽也噗噗展翅高飛。這到底是怎麼回事呢？

小飛雲攔住一隻老鷹問：「到底是怎麼回事啊！發生什麼事了？」

「這幾天大大小小的地震發生得太頻繁了，我們都快要受不了了。聽說，是地底下的兩大板塊發生嚴重的撞擊、壓擠造成的。」老鷹說完逃難似的趕緊展翅高飛。

板塊怎麼會互相撞擊呢？習慣在高空看世界的小飛雲，對海底的事物並不明瞭。他決定到海底探一探究竟。小飛雲變化成一條魚的模樣，撲通一聲躍進海裡。他深入地底，觀察了一陣子之後，聰明的小飛雲立即明白了：

地球的外殼是由巨大的岩石板塊構成的，現在古太平洋板塊承受不了地上那片沈積物的擠壓、推擠，終於沈入大陸歐亞板塊底下，並融化成為岩漿，地底溫度愈來愈高，眼看沸騰的岩漿就要沿著地底裂縫往上衝了，小飛雲趕緊離開海面，變回雲朵盤旋在高空，繼續觀察海面。

•由於雨水、水流、波浪、冰河、風等等因素侵蝕土壤，對地表造成的破壞作用，都是侵蝕作用。

•地球表面的岩石在太陽輻射、水和風的作用下，發生破壞或崩解的現象，例如，礦物或岩石經過物理或化學風化，而分解崩壞了，就稱爲風化作用。

沒多久，華南一帶山區果眞發生一連串的火山爆發。火山爆發所推擠的力量，把原先沈積在大陸棚上的泥沙沈積物，拱出了海面，充滿皺摺的山，矗立在海上，形成了最早的古台灣島。這是第一次的造山運動，稱爲「南澳造山運動」。

這個新興的島嶼，佇立在海上，日日月月年年，經過幾千萬年的風化、海水的侵蝕，這個古台灣島又漸漸的沒入海底了。

小飛雲看著古台灣島的形成與消失，見識了大自然的奧妙，他以爲這塊島嶼的生命就這樣結束了，沒想到，幾千萬年以後，板塊又在海底運動了。古台灣島的東南邊，「菲律賓海海板塊」逐漸向西移動，開始擠壓「歐亞大陸板塊」，並且推擠「南中國海海板塊」，讓南中國海海板塊沈入菲律賓海海板塊下方。新的壓擠力

• 冰河時期，海平面最深下降至今天海水面以下一百四十公尺。現在的台灣海峽深度約在三十至七十公尺之間。

量，讓島嶼的東南方出現了一連串的火山島串，就是今天的海岸山脈、綠島和蘭嶼。菲律賓海海板塊仍在海底不斷的往西移動，火山島也逐漸被推往西北方向。經過一千多萬年的推移，火山島終於和台灣島連接起來，變成了今天的海岸山脈。這次的地殼運動，讓台灣島眞正的露出頭來了。這就是第二次的造山運動，稱爲「蓬萊造山運動」。

台灣島孤獨的佇立在海洋中，除了一些鳥類偶爾駐足之外，島上沒有任何生物，台灣島孤寂的心聲被造物者聽見了，於是造物者讓氣候起了變化，全球進入一億年來最寒冷的冰河期，大量海水結凍，海平面急速下降，在台灣和大陸之間的台灣海峽出現了陸地，這時候，大陸上的老虎、大象、猴子、犀牛、黑熊、蛇類……等動物，都藉著這個陸橋跑到台灣來了。

•民國七十年，中央研究院史語所研究員陳仲玉，在南投縣仁愛鄉萬豐村境內，發現「曲冰史前遺址」，掘出了石棺、石器與陶片，這些出土古物證實是一處新石器時代聚落廢墟，年代早自二千七百年前，晚至一千多年前。此一遺址具有台灣新石器時代高山遺址的代表性，故經內政部評定爲三級古蹟。

台灣島開始充滿了生命的氣息與活力，造物者心滿意足，在距今一萬三千年前，氣候開始回暖，冰河開始融化，海水升高，台灣島和中國大陸再度被海水阻隔。

小飛雲迅速的在台灣上空轉了一圈，他覺得台灣眞的是一個美麗的島嶼，就連名字也取得巧，台，就是在海洋中凸起的一塊陸地，灣就是四周的海灣。

幾百年以來，小飛雲經常看見這個小島發生數十起大大小小的地震，有的地震只是掀起人民的一陣恐慌，有些地震則造成嚴重的傷亡與損失；因爲菲律賓海海板塊到目前爲止仍不停的擠壓歐亞大陸板塊，所以，台灣地區地震頻繁是有脈絡可循的。

河川也將繼續夾帶大量的泥沙沈積在西部平原，西部平原將愈來愈寬，這樣繼續循環下去，幾百萬年以後，台灣會變成一個大胖子，甚至可能會和澎湖連接在一起，到時候就可以直接從台灣開車到澎湖了。

親眼目睹這一連串驚人的變化之後，小飛雲幾乎變成一個預言家了，他知道百萬年以後台灣會變成什麼樣子。他的預言被一群地質學家證實了。前一些時候，小飛雲看見有一所大學的地質系教授，帶著一群學生在嘉南地區研究地質的變化，台灣這幾億年的地質變化，用科學的方式在這些蛛絲馬跡中找出了自然變化的奇蹟。地質學家還預言，幾百萬年以後的台灣，將再度風化消失在海平面上。當然，這些變化都不是目前居住在島上的人民所能看見的。小飛雲做了一個一百八十度的旋轉，變化成一隻老鷹的模樣，他要飛入叢林做森林浴了。

•由於菲律賓板塊與歐亞大陸板塊至今仍持續推擠運動，不僅造成台灣地震頻繁，中央山脈也每年長高零點五至一公分，海岸山脈則每年以七公分的速度向中央山脈靠攏。

•考古學家在台灣西部的溪谷、平原，發現有大型哺乳動物如犀牛、大象等的化石，這些化石保存在左鎮化石館。

台灣形成圖

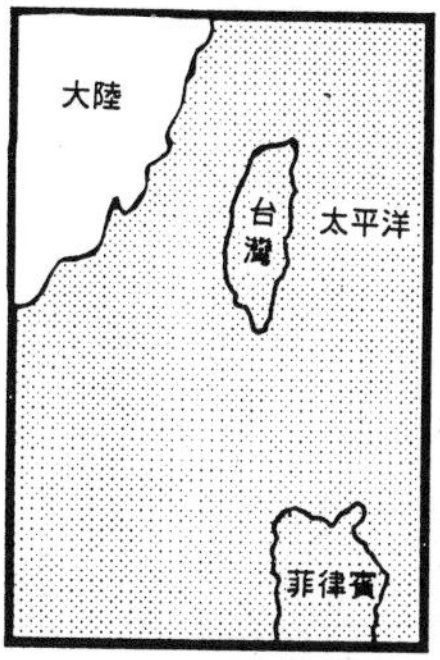

約 3000 萬年前

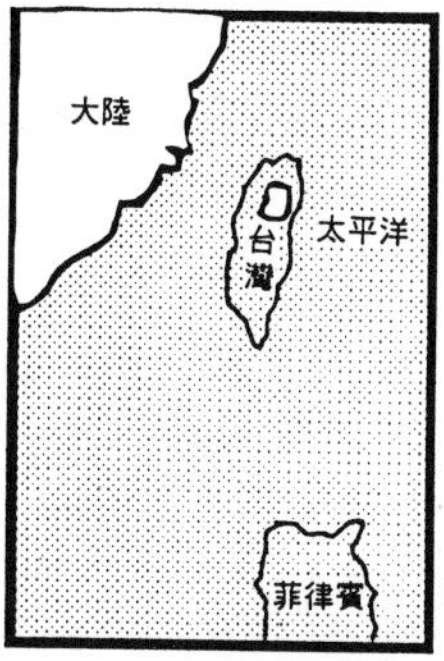

約 400 萬年前

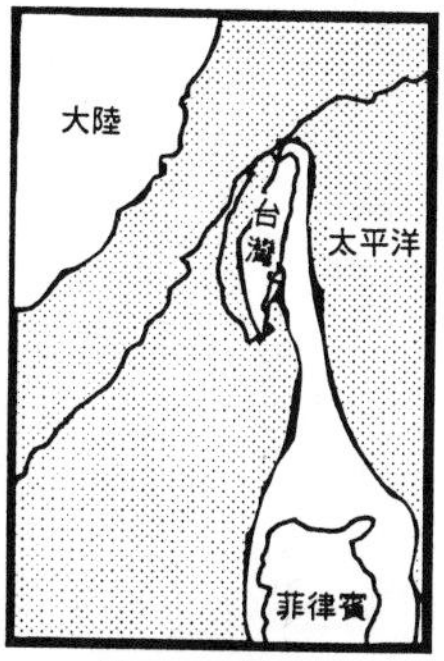

約 150 萬年前

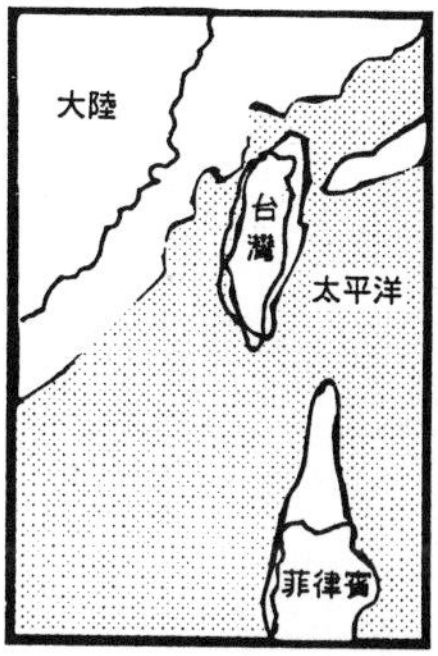

約 50 萬年前

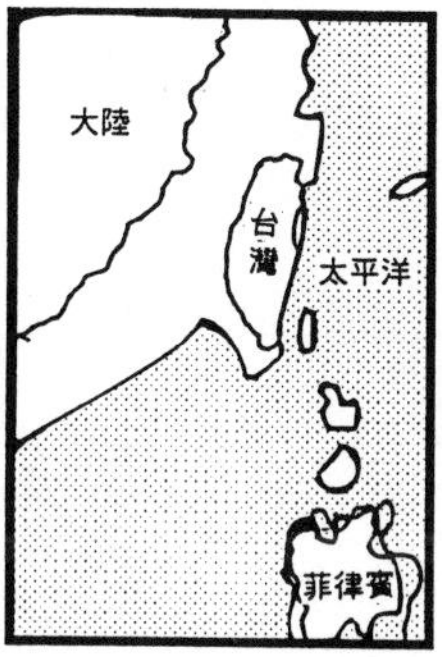

約 1 萬 5000 年前

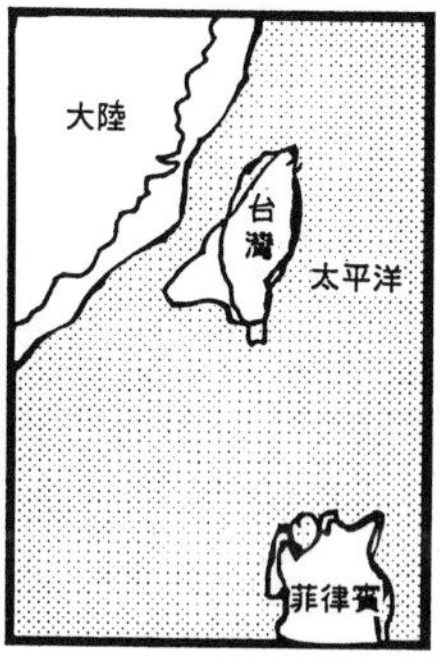

約 1 萬年前

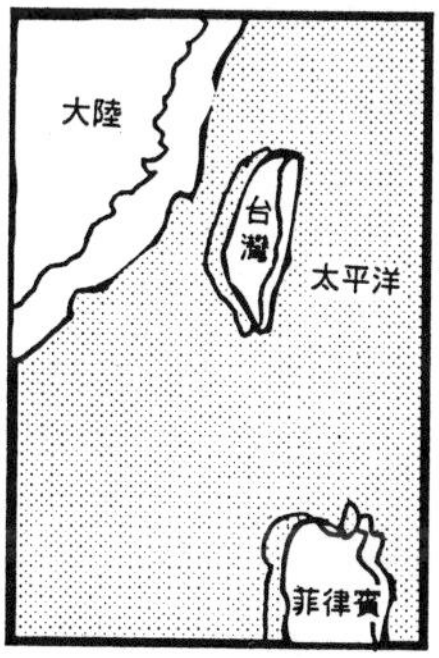

約 5000 年前

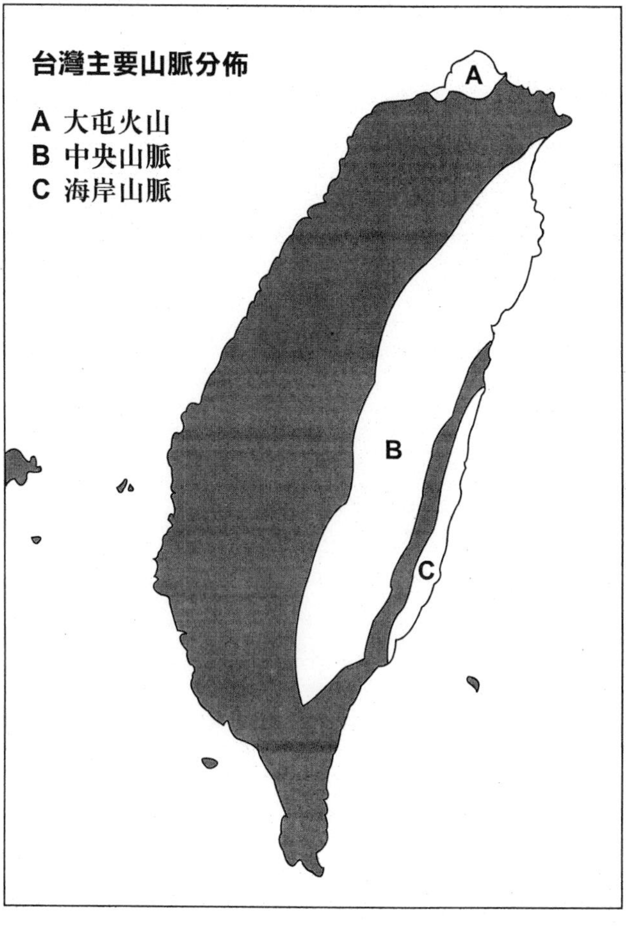
台灣主要山脈分佈
A 大屯火山
B 中央山脈
C 海岸山脈
A
B
C

台灣的五大山脈

阿里山山脈、雪山山脈、玉山山脈、中央山脈、台東海岸山脈，是台灣山地主要的五個山脈，每一個山脈雖然高矮不一，長相各異，卻各有特色。

自從幫助唐三藏取回經文之後，孫悟空回到花果山，每天過著無聊的日子。有一天，豬八戒和沙悟淨一起來花果山探望他們的大師兄。孫悟空熱情的招呼他們，暢談那段陪師父到西方取經的往事。

講著講著，三個人講到誰的功勞較大時，一言不合的爭吵了起來，因為誰都認為自己的功勞最大。最後吵著吵著，豬八戒在氣急敗壞之下，拿起孫悟空縮小成手臂般長的金箍棒使勁兒往外扔，一眨眼，金箍棒已不知去向。

「你這個豬八戒，什麼不好丟，竟然丟我的金箍棒，那是我的寶貝你不知道嗎？」

豬八戒和沙悟淨眼看孫悟空就要發怒了，趕緊告辭離開。

悟空透過種種關係查詢，始終找不到金箍棒的下落，孫悟空只好求助於觀世音菩薩。

「你的金箍棒掉到一個叫做『台灣』的小島。」觀世音菩薩說。

「台灣很大耶！有三萬六千平方公里，我的金箍棒到底掉在台灣的什麼地方，你可不可以說明白一點？」孫悟空一臉疑惑的說。

「我也不知道它究竟掉在哪裡？因爲台灣是個多山的島嶼，金箍棒也許掉在某一座山裡，不過台灣有五大山脈，範圍很廣，恐怕不太好找喔！」

「天哪！我該從何處著手呢？」孫悟空覺得沮喪極了。

觀世音菩薩交給孫悟空一張台灣的山脈地圖和一本書籍。「這張地圖和書本對你應該是很有幫助的。」

孫悟空回到花果山，拿出地圖認眞的研究，不時的

•除了這五大山脈之外，還有大屯火山群，位於台灣西北角，主要的山峰有七星山、大屯山、磺嘴山、觀音山等，高度都低於一千五百公尺。

喃喃自語著：

「阿里山山脈、雪山山脈、玉山山脈、中央山脈、海岸山脈是台灣主要的五個山脈，每一個山脈雖然高矮不一，長相各異，卻各有特色。」

「中央山脈是台灣島的脊梁山脈……台灣的山地怎麼這麼複雜，我還是先到台灣再說吧！」

「大王，您也帶我們到台灣去，我們可以幫忙尋找金箍棒的下落，順便走走逛逛增長見識嘛！」有隻猴子眼巴巴的對孫悟空提出請求，聽說台灣是個蓬萊仙島，早就想去瞧瞧了。

「憑我老孫的本事，需要你們幫忙嗎？我是去辦正事，你們乖乖的給我待在花果山。」

孫悟空招來筋斗雲，往東邊的方向急速前進。沒多久，孫悟空已經來到台灣島上空了。從高空俯瞰由幾座山脈串連而成的台灣島，這些山脈不僅雄渾遼闊，氣勢更是磅礡，難怪每天都有人冒著危險攀上高峰，向山脈下戰帖。

孫悟空站在筋斗雲上頭，就著手上的地圖，對照腳底下的山脈，先對整個地形有個大概的了解，找起來就容易多了。「台灣地形狹長，三千公尺以上的高山都集中在中央山脈、玉山山脈和雪山山脈上。三條山脈與島軸呈平行狀態，玉山山脈和雪山山脈原是同一條山脈，卻被濁水溪給分開來了。」

「你們就承認我是台灣最雄渾壯麗的山脈吧！不要再做無意義的爭辯了。」有一個聲音從腳底下傳來。

腳下的山脈不知何故吵成一團。但是孫悟空沒空去管閒事，他心繫他的金箍棒。

「那個傢伙不就是西遊記裡的孫悟空嗎？他在上頭

幹麼？」玉山山脈對其他山脈說。

五個山脈停止爭吵，看著孫悟空。

「對呀！我剛才就注意到他了，聽說他的本事很大，我們得小心提防才行，也許，他想把台灣倒過來看看！」阿里山山脈不安的說。

「我們應該問清楚這隻猴子的來意，這樣瞎猜一點意義都沒有。」中央山脈不愧是台灣五大山脈的老大哥，做事果斷明快。他對著上空的孫悟空說：

「大聖啊！你今天光臨台灣有何貴幹哪？」

孫悟空收起地圖，對中央山脈說：「我的金箍棒被豬八戒扔到台灣的某一座山裡，我要把它找回來。」

五大山脈聽完都哈哈大笑。

看見山脈們笑了，孫悟空興奮的問：「你們看到我的金箍棒了？」

「幾天以前我們是有看見一根木棒飛越而過，降落在——」

阿里山山脈說著，被海岸山脈給打斷了：

「我們暫時不能告訴你金箍棒掉在哪兒，如果你願意爲我們做一個公平的裁判，我們就告訴你。」

「什麼裁判？」孫悟空有點急了。

「你從高空望下觀察，看看我們這五大山脈誰的風景最美？氣勢最雄渾，我們尊重你，你說了算，免得我們幾個兄弟每天爲了這個問題爭吵不休。」中央山脈說。

「這太簡單了，一言爲定。」

孫悟空駕著筋斗雲在台灣上空繞行了好幾圈後，心裡已經有個譜了，但是爲了愼重起見，他還是拿出筆記本，到每個山脈上頭，做最後的巡禮，並且記下每個山

•南湖大山和雪山附近，發現有三十四個冰河的遺跡，以圈谷爲最多，這些證據證實了台灣的高山曾經受到冰河活動的影響。冰河圈谷的高度多在海拔三千三百公尺至三千五百公尺之間。

脈的特徵，以示公信。

「中央山脈是台灣島的脊梁山脈，北起宜蘭縣蘇澳鎮以南的烏岩角，南到最南端的鵝鑾鼻，縱貫台灣全島，長達三百四十公里。範圍內高度超過三千公尺的山就有七十四座，那是因爲造山運動時經過強烈的褶曲作用，所以高峰就特別多。最有名的山有南湖大山、中央尖山、奇萊主山、秀姑巒山、合歡山等等。」

「我可是台灣最古老的山脈喔！」中央山脈提醒了孫悟空一句。

「來吧！該到我這兒來瞧瞧了。」雪山山脈催促著說。

孫悟空來到雪山山脈上空，被一條美麗的稜線給吸引了，他發現這條稜線近看時更美。

「『聖稜線』連接雪山和大霸尖山這兩座山。你別看那大霸尖山外觀像一個大酒桶，它可是由硬砂岩一層層疊成塔狀的，有『世界奇峰』之稱喔！」雪山山脈忙不迭的介紹自己傲人之處。

「雪山山脈從台灣東北端的三貂角開始，向南延伸到濁水溪爲止，總長一百八十公里。雪山山脈原來是和玉山山脈相連的，後來卻被濁水溪給分開了。雪山、大霸尖山、品田山，都是雪山山脈裡的名山，高度都在三千公尺以上。」

「玉山山脈是一個狹長的山脈，北以濁水溪爲界，南到高雄旗山，與雪山山脈成南北對峙的地形，是濁水溪與高屏溪的主要分水嶺。主峰玉山，是全島最高峰，高度接近四千公尺。玉山山脈主要的山峰有西巒大山、郡大山、玉山、玉山東峰、玉山北峰、南玉山等等。玉山山頂頂峰積雪，潔白如玉。」

•玉山，鄒族稱爲八通關。《福建通志》云：人遙望，皆白如玉，故名。玉山最早出現在文獻上是西方人稱玉山爲「石英之山」，美國商務船長瑪洛森（W. Morrison）爲外人中最早將玉山列入記載者。日治時期，一八九七年，明治天皇以玉山高過日本富士山二百餘公尺，於是將玉山命名爲「新高山」。

•雪山是台灣第二高山，一八六七年英國軍艦西魯達維亞號航行台灣東海時，遙望雪山，便以其軍艦名西魯達維亞號爲雪山取名。日治時期，昭和太子來台，改名爲次高山。光復後又恢復原名——雪山。

位於玉山山脈西側的阿里山山脈說：「我和玉山山脈是息息相關的，因爲玉山山脈的崩塌，才有我阿里山山脈。雖然如此，我還是最棒的，你瞧瞧便知。」

「阿里山山脈，北起鼻頭角，南迄鳳山附近，總長一百三十五公里。舊稱沼平，海拔兩千兩百六十公尺，因爲景色絕佳，是台灣八景之一，以雲海聞名。主要的山峰有東埔大山、烏松坑山、對高山、鹿林山、大塔山、自忠山等等，平均高度約二千公尺。」

「海岸山脈，緊鄰太平洋，北起花蓮溪口，南到台東鎮卑南大溪溪口，長約一百五十公里，南寬北狹，狹長的台東縱谷和玉山山脈平行。秀姑巒溪是區內最大的河流，從瑞穗附近流經奇美，向東切山而出，將海岸截成兩段。成功附近的新港大山是海岸山脈的最高峰，其他還有花東山、成廣澳山、三間屋山、三富山等。海岸

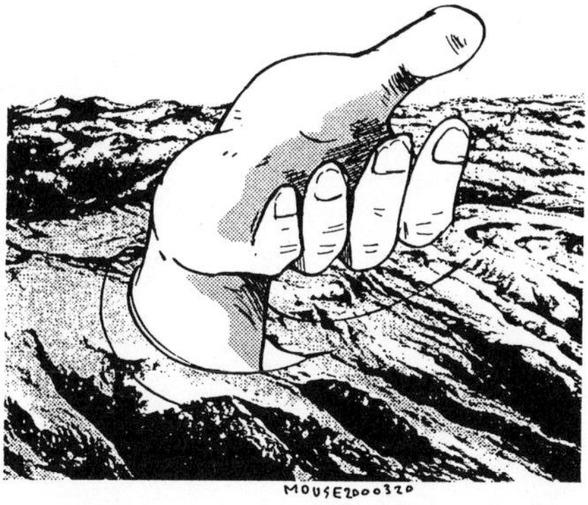

山脈的高度雖然只有中央山脈的二分之一到三分之一，但是因逼近海岸，地勢巍峨聳峙，給人一種高不可攀的感覺。」

「怎麼樣？到底誰才是景色最美的山脈？」玉山山脈緊張的問。

孫悟空小心翼翼的說，生怕不小心得罪了誰。他說：「要我下定論實在是很爲難的一件事，因爲，你們就像是五隻手指頭，雖然高矮不一，長相各異，卻各有各的特色，才形成今天的台灣島，每個都很重要，不能比，也沒得比。」

幾個山脈對孫悟空的評語大都表示還可以接受。爲了不爲難遠道而來的孫悟空，他們決定告訴他金箍棒的下落。

「來吧！到我的山頂上來。」玉山山脈對孫悟空招手。「在山頂旁的雪堆裡，有一根冰柱，那就是你要找的東西。」

孫悟空果眞找到了那根冰柱，孫悟空抬起腿用力一踹，冰柱碎了一地，露出了金箍棒。孫悟空笑逐顏開的拿起金箍棒，大叫一聲：「變小。」孫悟空把縮小成牙籤棒那樣細小的金箍棒放進耳朵裡。

孫悟空告辭了五大山脈，回花果山去了。臨走前他留下了一句話：

「你們每一個都是獨一無二的。」

「好個獨一無二。我喜歡。」中央山脈說。

五大山脈這才感到滿意，因爲他們自始至終都認爲自己就是獨一無二的。

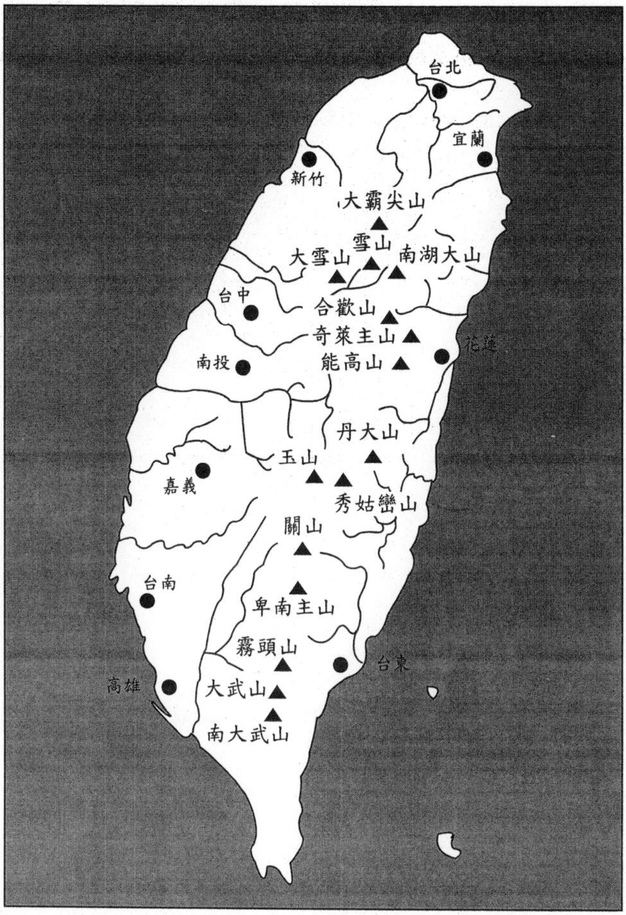
台北
宜蘭
新竹
大霸尖山
雪山
大雪山
南湖大山
台中
合歡山
奇萊主山
花蓮
南投
能高山
丹大山
玉山
嘉義
秀姑巒山
關山
台南
卑南主山
霧頭山
台東
高雄
大武山
南大武山

25 台灣的五大山脈

阿里山神木傳奇

阿里山珍貴的林木經過六十年的砍伐，黑森林已完全消失。目前山區裡五、六十歲樹齡的紅檜，是日治時期栽種的，但是要再見到壯闊的黑森林景象，得等上一、二千年。

•阿里山森林是本省著名的林區之一，整個林區都是天然的原始森林，樹齡超過千年以上的巨木特別多，同時具有熱帶、溫帶和寒帶森林，由竹崎到獨立山是熱帶森林區；由獨立山到平遮那是溫帶森林區；由平遮那到阿里山巔是寒帶森林區。寒帶森林中多扁柏、紅檜、鐵杉等珍貴樹木。

兩個鄒族青年扛著兩隻獵得的山豬，在嘉義賣了錢，買齊了鹽巴、布料、鐵器以及其他日用品後，一路輕鬆愉快的聊著天回家。

「聽說，頭目在打獵的時候，在他的獵區發現一大片這麼粗、這麼粗的大樹。」其中一個較高大的青年用力的伸展他的手臂。「這麼粗的大樹，一大片！」

「砍來蓋房子一定很棒。」另一個鄒族人說。

「還聽說，那片森林裡陽光根本照不下來，所以森林裡很黑、很暗。」

「改天我們也去看看那片黑森林。」

兩個年輕人愉快的交談著，並沒有發現到身後有個日本人，正豎起耳朵、張大眼睛對他們交談的內容流露出極大的興趣，這個人叫做石田常平，是駐達邦官員。

他叫住了那兩個人。

「請問一下，你們剛才說的那片黑森林，是眞的存在的嗎？」

兩個年輕人聽懂一點點日語，較高大的那位年輕人回答說：

「那不是我們的獵區，我沒有親眼看過，但是部落裡很多人都在傳說，也不知道是不是眞的。」

石田常平爲了一探黑森林的眞假，決定跟著兩個年輕人回部落去拜訪那位頭目。青年領著石田常平跋山涉水了好幾個小時，才到達部落。他們來到頭目家，對頭目說明了石田常平的來意。

頭目沈思了一會兒，請來部落其他長老，經過一番研商之後，頭目才應允第二天帶石田常平去探訪傳說中的黑森林。

隔天，石田常平在頭目以及幾位鄒族青年的帶領

•石田常平是駐達邦官員，發現黑森林後，呈報嘉義支廳轉報台南縣署，同年派小池三九郎入山勘查，稱該森林是「無盡藏」。嗣後，阿里山森林開發卽以小池所呈報爲藍本。

•台灣紅檜由於樹幹又粗又直，木質輕、有香氣、耐腐、膨脹係數小，是上好的、經濟價值極高的木材。

下，進入阿里山區，幾個小時的奔走，他們走進一個密實的森林。不等頭目開口說明，石田常平心裡明白這裡就是了，因爲森林變得幽暗、溼冷起來，就連一絲陽光也穿不透。

「關於黑森林，不是傳言，是眞實的。」石田常平內心激動不已。

這片林木，眞是遼闊、壯觀哪！他驚訝的看著眼前的景致，一棵棵粗壯的千年紅檜，筆直的竄向天際，每一棵巨木都得三、四人才足以環抱。高大的林木，阻隔了陽光的照射，讓這片森林幾乎被苔蘚及蕨類植物所覆蓋，太讓人驚奇了，這片原始森林居然蘊藏著這麼豐富、珍貴的林材呀！

「這麼好的木材用來蓋神社，一定是最棒的。」石田常平心裡想著。

石田常平發現黑森林後，立即呈報嘉義支廳轉報台南縣署。總督府極爲重視這個重大的發現，立即指派小池三九郎組織一個森林探勘隊到阿里山做實地的勘察，以作爲森林開發與鐵路鋪設的依據。

探勘隊經過無數次的探勘，幾次大規模的調查行動，歷時兩年，終於交出了完整的調查報告。這片原始林約有三萬公頃，六百餘萬立方公尺，共有一百五十多萬棵樹木，樹種中有樟樹、紅檜、杉柏等高價值的林木，其中珍貴的紅檜超過了十五萬棵，扁柏也在十五萬棵以上。一九〇四年終於決定阿里山森林開發計畫。其中以開闢交通運輸路線列爲最優先執行計畫。「首先我們要先建造一條通往阿里山的森林鐵路，以便載運砍伐下來的木材。」有個官員說出驚人之語，參與會議的官員們都感到震驚，因爲要建造一條高山鐵路，是多麼不

• 一九四二年太平洋戰爭爆發，台灣山區荒廢林地高達五十一公頃，日本人於戰爭末期曾濫伐森林，未予以復舊造林。

容易的事啊！但是，每一個人都贊成鐵路修築計畫，因爲要將那些林材運下山，唯一可仰賴的就是火車。困難並不表示無法執行，只是需要更多的時間，以及人力、物力、財力的配合。

一九〇四年，決定鐵路修建工程，因日俄戰起，計畫擱置下來。一九〇六年，總督府改採民營，與大阪藤田組簽訂經營契約，於是阿里山鐵道交由民營藤田組繼續動工修築。一九〇七年順利完成了嘉義到竹崎這段平地鐵路，接下來就要面對坡度不斷拔升的、艱鉅的山區路段。一九〇八年，總督府以藤田組資金不足經營困難爲由，終止合作計畫。

遼闊的、靜謐祥和、少有人煙的阿里山區，一下子熱鬧、喧騰起來，被徵召而來的台灣工人，在森林裡高舉雙手運用最簡單的工具開山挖路，手上起泡了，接著

•一九〇四年，鐵路建造計畫停頓。一九〇六年，總督府改採民營方式，與大阪藤田組簽訂契約。一九〇八年，總督府以藤田組資金不足爲由，終止合作計畫。一九〇九年，展開阿里山森林官營事業。一九一二年五月開始伐木事業，同年十二月，嘉義至二萬坪間六十五公里鐵路竣工。一九一三年二月，二萬坪至沼平鐵路完工，總計長度七十一點九公里，起迄點高度差一萬二千二百四十三公尺。

長出了厚厚的繭，手上新舊傷痕雜陳。山路以緩慢的速度在山林裡蜿蜒而上，由於工程極爲艱險，有不少台灣人在工作中喪失了寶貴生命：阿旺涉水的時候，一個踉蹌就被水流給捲走了；阿雄在鑿山的時候，一個滑腳跌下萬丈深淵；還有許多人被崩落的石塊砸死了。雖然危險重重，但是在日本人的指揮下，鐵路還是要繼續修築下去。

「轟隆！轟隆！轟！」

一棵棵的紅檜倒下。一九〇九年，展開阿里山森林官營事業，一九一二年五月，伐木的工作也開始了。砍伐下來的檜木，被分解成一節一節的堆放在空地上，等待下山。同年十二月，嘉義至二萬坪間六十五公里鐵路竣工。一九一三年二月，二萬坪至沼平鐵路完工。歷時十二年，終於完成由海平面三十公尺之嘉義起，至標高

・台灣光復後，阿里山森林事業及森林鐵路由阿里山林場接管，繼續經營。後來，阿里山分場改制爲林務局玉山林區管理處阿里山工作站，增設阿里山森林遊樂區管理所，成爲聞名的高山避暑旅遊地。經歷多年開發後，阿里山自然原始風味消失，因此玉山國家公園規畫時，並未將其畫入園區。

二千二百七十四公尺之阿里山，全長七十一點九公里的阿里山鐵路，並築大小運材支線，共一百一十三公里。起迄點海拔高度相差二千二百四十三公尺。

「嗚——嗚——嗚——」

一九一三年，全線通車，蒸汽火車從嘉義一路吐著濃煙、喘著大氣，緩慢的穿越山林，氣笛聲在山林中呼嘯而過，嚇走了許多原來在這一帶山區活動的動物。這一趟路，森林小火車總共花了七個小時的時間到達沼平站（今阿里山舊站）。

被鋸成一節節的檜木，坐上蒸汽火車，嗚嗚嗚的吐著濃煙，載著木材下山去了。紅檜後來乘坐船隻到了日本，作爲宮室神社的建材。

砍一棵樹在原地再種上一棵樹，是日治時期的造林建設，因爲日本是溫帶國家，缺乏熱帶森林資源，所以希望在台灣發展熱帶林。目前阿里山區裡五、六十歲的檜木，就是那時候所栽種的，但是要再見識到壯闊的黑森林景象，還得再等上一、二千年呢！

一九一二至一九四五年，日本人在台砍伐面積一百一十九萬公頃，材積六百八十立方公尺。一九五七至一九七五年，國民政府砍伐面積二十一萬公頃，材積二千八百五十八萬立方公尺，遠超過日治五十年。

阿里山林區直營伐木事業於一九六三年停止，總計一九五七至一九六三年間，共砍伐了三十萬株檜木、六千株台灣杉，導致黑森林完全消失。阿里山林場因爲面臨無林可伐而關閉，蒸汽火車也老得退休了。

阿里山鐵路換了新型的火車，不再冒濃煙，也不再載運木材，它成爲最受國內外遊客喜愛的觀光火車，每天載著一批批的遊客，到山裡緬懷歷史，憑弔曾經偉大

• 阿里山失去了黑森林之後，贏得了另一項頭銜，就是「馳名國際的登山鐵道」，和日本的大井川鐵道、瑞士的阿爾卑斯山登山鐵道共享「世界三大高山鐵道」的盛名。

• 日治時期，阿里山、八仙山及太平山林場，合稱台灣三大林場。

的森林。「高山青、澗水藍，阿里山的姑娘美如水呀！阿里山的少年壯如山……」民謠猶在耳邊清唱，象徵阿里山精神的神木，於八十六年七月一日受雷擊後，樹幹伏倒於鐵軌並斷成兩段。基於安全考慮，終於在八十七年六月二十九日雇工將之拉倒，神木從此走入歷史。

萬年亨衢八通關古道

牡丹事件過後，滿清發覺列強侵台的野心，並警覺到後山的國防空虛，便計畫了北、中、南路，打通台灣西部與東部的交通。由吳光亮負責的中路，歷經一年辛勞終於打通到達玉里。因為移墾政策不彰以及繼任者不重視，八通關古道終於荒廢。直到玉山國家公園成立，才又修復。

•「八通關」原爲鄒族對玉山的稱呼，清朝開闢古道時改稱此地爲八通關。光緒十四年（西元一八八八年），台灣番地圖再將此地名稱登載爲八通關，一直沿用至今。

「八通關」位於海拔二千八百公尺高的地方，距離玉山主峰約四公里半，是玉山山塊和中央山脈相連的鞍部凹地，有一大片氣勢磅礡、壯闊豪邁的草原風光。

清朝末年，牡丹事件之後，駐節福建的船政大臣沈葆楨，以欽差大臣身分來台辦理台灣海防事務。爲了了解這個四面臨海的小島，他乘坐巡防船繞行台灣一週。

沈葆楨站在巡防船上，海風淒厲，吹得他的衣襬胡亂的翻摺飄盪，吹得他的臉頰微微刺痛。但是他卻只是靜靜的看著遠山，思索著台灣海防上的問題。

巡視過整個台灣後，沈葆楨發現台灣不僅山川秀麗，而且土地肥沃，難怪周圍列強開始覬覦台灣這塊土地。他同時也發現了軍事上的缺失，過去雖然也曾在沿海港口設炮台、布重兵，但是，台灣是一個四面環海的島，明顯的露出東邊後山的弱點，眞是太危險了。

該怎麼改善問題呢？這裡到後山，除了靠船隻繞過半個島之外，就得靠雙腳翻山越嶺了。當務之急，就是開闢一條通往後山的路，打通前山和後山的交通，再鼓勵老百姓遷往後山開墾，才能達到防衛的目的。可是，高山上又住著剽悍的原住民族，這該如何是好？

沈葆楨特地把南澳總兵吳光亮徵調過來。在唐山時，就聽說吳光亮這個人不僅正直、有愛心，也有謀略，是個不可多得的人才。

「你覺得這個計畫可行嗎？」沈葆楨對吳光亮提起開路計畫。

「屬下認爲這個計畫是可行的。我們可以邊開山築路，邊對山區的住民作馴化教育的工作。」吳光亮說。

經過幾番思考，沈葆楨決定執行這個計畫。沈葆楨規畫了北路、中路、南路三條通往後山的路線。

北路，從宜蘭的蘇澳經過南澳、大濁水、大清水開到奇萊（今花蓮港一帶），全長二百〇五公里，由福建水師提督羅大春監督。

• 「理番道路」是日治時期爲控制後山山地治安，攫取山地資源，而開闢的道路。通常是警方動員原住民開闢的，爲方便控制，有原住民的部落就闢有理番道路。「警備道路」是理番行動後，爲積極開發山區的交通，大規模開闢橫斷中央山脈的道路，此山道亦被稱爲「橫斷公路」。

•由於八通關位於古道與登玉山之要衝，所以清朝曾於此設置營壘；日本人則設有警察官吏駐在所。國家公園成立的時候，基於此地具有特殊的自然生態環境與歷史意義，而將其列爲生態保護區，古道則列入史跡保存區。七十六年，經內政部列爲國家一級古蹟。

中路，從林圮埔（今南投縣竹山鎮）起經鳳凰山、東埔、八通關、越過秀姑巒山，止於花蓮的璞石閣（玉里），全長二百六十五公里，由南澳總兵吳光亮負責（這就是著名的八通關古道）。

南路則有兩條，其一，由海防同知袁聞柝主導，從鳳山縣赤山庄（今屏東縣萬巒鄉赤山村）至卑南，全長一百七十五公里；其二，由總兵張其光督辦，自射寮（今枋寮附近）通卑南，全長二百四十公里。

由於中路所經的山區，住著許多原住民族，吳光亮除了開山之外，還多了項安撫原住民的重責大任，他在廣東招募了二千名的飛虎軍，開始投入這項艱鉅的工程。吳光亮一邊進行道路的開發，一邊進行沿線山胞的安撫，順從者即贈送食物、日用品以及布匹。此外還設義學，教化原住民；一方面傳授耕作技術，改善原住民

生活。

吳光亮從廣東招募了許多壯丁投入開路的行列。由於，吳光亮爲人誠懇、富有愛心，原住民都很尊敬他，都尊稱他爲「吳統領」或「吳大人」。

冬天，寒風冷冽，即使是降雪的日子，開路的工作還是得繼續。清兵在海拔三千多公尺的山區工作，當身體和四肢停止勞動的時候，強烈的寒意就襲上來，一個個冷得直發抖，吃飯時雙手經常凍得拿不住碗筷，而頻頻摔落地上。

歷經十個月的努力，工程竣工了，前山與後山的隔閡終於打通了。吳光亮在鳳凰山麓的一塊大岩石上，寫下「萬年亨衢」四個字，用來紀念開鑿山路的艱辛，並期望這條路能夠經歷萬年而不廢。

通往後山的山路打通以後，清政府立即貼出了招墾的公告：

願意前往後山開墾者，每人每日發給口糧銀一百文。分前後二期，前期六個月間，每人每日發給銀八分，米一升，發至一年爲止。

應募墾民到達開墾地，築土圍蓋草寮以資居住，而每十人發給農具四副，耕牛四頭，草刀十把，竹箕十組，扁挑十條及種子若干。

平埔地方，每人授田一甲。

凡開墾地，三年後課徵其原先所領口糧、牛隻、農具等項，或於田地成熟後，分三年繳納。

辦法公布之後，因爲山路崎嶇難行，許多人不得不半途折返，移墾的成效不彰。只有少數的漢人翻山越嶺到達後山拓墾。雖然吳光亮安撫原住民的工作相當順利，許多原住民已經接受安撫，行旅途中的危險已經減低了許多。但是獎勵移墾的措施始終見不到效果，沒多久，清政府就廢除了這項移墾獎勵政策。

「聽說，阿發仔一家六口在過山的時候，他老母親失足跌到山崖底下，連屍首都找不到喔！阿發仔後來和住在山上的原住民發生衝突，被打死了。剩下阿發仔的妻子帶著三個孩子回到莊裡，實在有夠可憐哪！」幾個農民中午吃便當的時候，在樹下談論著。

「是啊！那條山路崎嶇難走，斷崖又多，路途中又有山地人，算了啦！留在這裡較穩當。」

「後山傳過來的消息，說隔壁村那個阿進仔，才到後山，就得病死了。」

「後山人煙稀少，氣候又差，都是未開闢的叢林草地，到處充滿了瘴氣，難怪會得病死了。」

「每個月給我二十兩我也不要去。」

•一般稱爲「八通關古道」其實有兩條，分別於清光緒和日治時代完成，兩者相隔約四十五年。過去，許多人都以爲日本越嶺道是根據清朝古道修築而成，近年，經由各種調查發現，兩條古道僅在八通關及大水窟有幾處交會點，到了大水窟以東，便各自沿著拉庫拉庫溪南北兩岸分道而行了。目前作爲健行步道的東埔至八通關一段，並非清代八通關古道，而是日本人所闢八通關越橫斷公路。

清廷的招墾政策完全的失敗，這條歷經千辛萬難開發出來的，鋪了木棧道，砌了石階、石板的山徑，很快的因爲沒有人的維護，山徑雜草叢生，山路崩塌、橋梁斷落，終於湮沒在荒山蔓草中。

接著，日本人來了。

爲了鎭壓頑強抗日的原住民，日本政府開鑿了許多理番道路，設置了許多的駐在所，進行大規模掃蕩，推進隘勇線，以及沒收原住民的槍枝。原住民誓死抗日，與日本人周旋於山林中長達數年。

日本人後來明白「天險之地，不可以力征」，於是改採勸導和強制的手段，實行部落遷移政策。山胞們被迫從高山的各個部落遷移下山，留下了一條條模糊可辨的山徑，作爲將來回家尋根的指標。

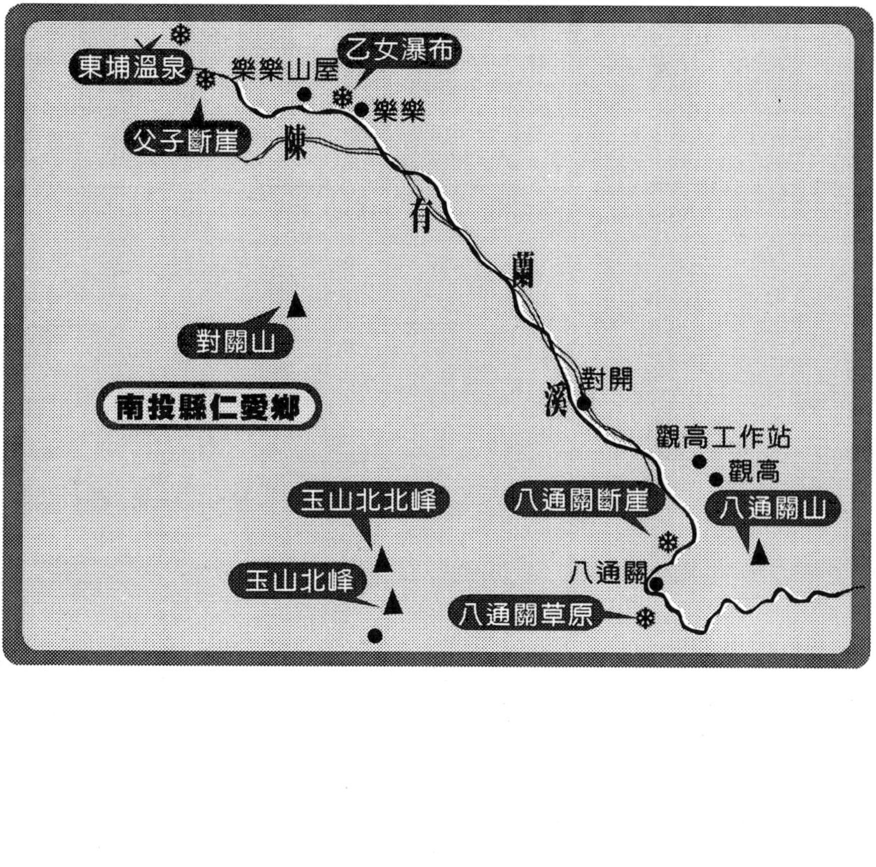
東埔溫泉
樂樂山屋
乙女瀑布
樂樂
父子斷崖
陳
有
蘭
溪
對關山
南投縣仁愛鄉
對開
觀高工作站
觀高
玉山北北峰
八通關斷崖
八通關山
八通關
玉山北峰
八通關草原

千古幽情話古道

在科技尚未發達之前，人類所有的活動，不管是平地人或山地人，幾乎是靠著雙腳走出來的。人的來來去去構築了一條條如網狀般錯綜複雜的山徑。這些古道說明了先住民遷移的歷史，漢民族拓荒的線索，日警理番治山的路線。

•從一九一四至一九二八年間，日本人共修築了十四條山地警備道路。

•日本人強迫性的遷移政策開始於一九三五年，將布農族郡社群遷到楠仔腳萬台地北面，建立羅羅那社。一九四〇年逼迫布農族丹社群和巒社群遷到羅羅那社南邊，卽鄒族的獵場，就是現在的望美村。布農族與鄒族混居，文化彼此影響、融合。

(一)能高越嶺道

「快，快，山豬受傷了，千萬別讓牠溜了。」兩個泰雅族獵人邊跑邊急促的叫喊著。寧靜詳和的山林，傳出了山豬尖銳的嚎叫，以及四隻腳快速奔跑在枯葉上的聲音。

大腿受了箭傷的山豬，跌跌撞撞的跑出叢林，兩個獵人緊跟著也追出叢林，出了叢林，眼前出現一個大草坡，山豬滾落在前面的斜坡下方，重傷倒地。

「呼！還是讓我們逮到了。」

兩個獵人小心翼翼的走下斜坡，費了九牛二虎之力，終於將山豬扛上坡頂。

「大哥，坐下來，我們先休息一下，待會兒再走。」又黑又壯的男子放下山豬後立即倒臥在地上，大

•能高越嶺古道是中部地區橫斷中央山脈的捷徑，最早是由泰雅族中賽德克亞族巴雷巴奧群開發而成的，曰人於一九一七年初闢。古道西起霧社，經盧山、屯原、雲海、天池，越過能高鞍部，東下木瓜溪，經奇萊、盤石、水濂、銅門至花蓮。古道有四十八點七公里在花蓮境內。

口喘著氣。「我們剛剛逮到全世界最胖的山豬。」

那個被叫大哥的男子，站在坡頂，迎著陽光俯瞰山林，銳利的目光流露出幾許的驚喜。他向弟弟招招手，示意他過來。弟弟吃力的爬起來，走到哥哥身邊，順著他視線落定的地方看過去。

「弟呀！你看那片土地。」大哥指著東邊山區山腹地帶的一片曠野說。「那是個好地方啊！我們回去告訴父親，也許可以搬到那裡去住。」

弟弟仔細的觀察後，也贊同的說：「那片森林很漂亮，土地一定很肥沃。我們部落的人口增加太多，耕地和獵場已經不夠用了。」

兄弟倆輪流扛著山豬，穿越叢林和溪谷，回到部落家中。他們向父親提起今天與山豬對抗的經過，以及發現一片可居住的美麗曠野的事。

•一九五〇年，台電沿著能高越嶺古道修築了人行步道，並架設了一條東西高壓輸電線，將東部電力輸到西部，號稱「電力的萬里長城」。

「雖然那塊土地隔著幾座山，必須翻山越嶺才能到達，但是我們有一雙能跑能走的雙腳，翻越再高的山也難不倒我們的。」大哥補充說著。他心裡暗自打算了，如果父親不同意遷居，他就要自己帶著妻子兒女搬到那裡建立新的家園。

隔天，兩兄弟帶著父親來到草坡坡頂，觀看那片曠野，父親滿意極了。選了一天，父子三人實地做了一番探勘，當下就決定要舉家搬遷過去。因爲，有一條水量豐沛的溪流緊鄰著那片曠野。有溪流、有美麗的山林，是建立家園最理想的地方了。

父親和頭目及部落長老提出遷移的計畫後，有五戶人家願意跟隨前往。

一個晴朗的好天氣，六戶人家攜家帶眷，扛著、背著所有的家當，開始從霧社東邊的廬山往新家園遷移。

・位於眉溪（眉溪是北港溪的支流，北港溪則是大甲溪的支流）畔的霧社和埔里，可說是台灣中部先住民遷移的發祥地，和中央山脈主要越嶺路的放射中心。當時住在埔里盆地的原住民，分爲兩個族群，眉溪以北是泰雅族，眉溪以南是布農族。後來，因爲平埔族和漢人的遷入，原住民只好開始向東部遷徙。

男人走在前頭用彎刀劈開荊棘雜草，踏出一條路來，老弱婦孺們在後頭緊緊跟隨。他們花了一個禮拜的時間，越過中央山脈海拔二千八百〇二公尺的能高鞍部（今南投、花蓮二線交界處）後，終於到達新家預定地，他們立即著手砍伐樹木、竹子，開始搭建房舍，然後在木瓜溪上游柴田溪左岸的一處山腹定居下來。

定居下來之後，爲了探訪親戚朋友，幾度往返新舊部落間，腦筋動得快的大哥，發覺這次的遷移行動，打開了廬山、埔里與後山阿美族部落間的交通，兩地的往來更方便了，也許可以在兩地之間做點小生意。和弟弟商量過後，嘗試性質的跑了幾趟買賣，賣些雜貨、布料，生意還不錯哩！於是兩兄弟變成爲往來東西部的商人。

部落的人口愈來愈多，有一部分族人便分散在木瓜

•泰雅族順著眉溪往東北越過中央山脈往立霧溪、蘭陽溪、木瓜溪、南澳溪等等方向遷移；布農族則沿著濁水溪的支流郡大溪、丹大溪、陳有蘭溪朝東南越過中央山脈，往拉庫音溪、太平溪、新武路、鹿野溪方向遷移，形成了台灣兩個活動力最強的族群，經由原住民不斷的遷徙，越嶺路也因此逐漸開發出來。

溪流域居住。他們把木瓜溪流中上游稱爲內木瓜，下游稱爲外木瓜。

後來，來了另一批泰雅人，他們占領了內木瓜地區，原來住在內木瓜的泰雅人，只好再度東遷到花蓮銅門，有一部分人則南遷到花蓮萬榮一帶，住在萬里溪與馬太鞍溪之間。

泰雅人幾度遷移的路線，在山林裡留下了一條條的山徑，雖然幾度湮沒在荒山蔓草中，但是，歷史卻在古老的道路上留下足跡，數十年以後，在後代子孫尋根的心意中，慢慢的被發覺出來。

後來，漢人因爲平地開墾已漸飽和，逐漸移墾山地，又踩出了一條條的山路。

台灣的山，因爲這些人的來來去去，構築了一條條如網狀般錯綜複雜的山徑。

(二)魚路

一九二〇年秋天。金山。

晚上九點，阿水的妻子忙著將捕獲的魚蝦整齊的排列在竹籃裡，再用芋葉覆蓋起來，準備妥當後，再將便當以及一瓶開水用布包起來，讓阿水綁在腰上。阿水穿妥了鞋子，調整了腰上的布包位置，彎腰挑起兩籮筐的魚蝦上路去了。直到阿水的身影消失在庭院，夫妻倆沒有一句交談，他們默默的習慣這一切，聲音彷彿是多餘的東西。

阿水一路沿著磺溪往上行走。明亮的圓月高掛夜空，月光照亮了這條山徑。夜靜悄悄的，除了蟲鳴之外，就是阿水兩腳急速行走的聲音。

「阿水仔，別走那麼急，等等我。」阿勝在後頭叫

•台灣古道俱樂部林宗聖先生經過多年調查，整理出台灣全省一百四十二條古道。

•根據文獻記載，魚路古道的出現比金山慈護宮（俗稱金山媽祖）的創建年代（一八〇九年）還早。一直到日治時代以後，才有人稱這條古道爲「魚仔路」。

一九二九年，金山經萬里到基隆的輕便台車通車，利用魚路的人變少了；光復後，陽金公路開通後，魚路古道從此在雜草與芒花叢中消失了身影。目前由陽明山國家公園整治，成爲陽明山自然步道中的一條。

住阿水，急急追趕讓他氣喘噓噓。

阿水站在原地，將扁擔換了一個肩膀後，展開笑臉望著從遠處逐漸走近的阿勝，黑夜趕路，有個人作伴兒眞好。漏夜挑著魚貨走在這條路上，遇見其他漁民的機率是挺高的，因爲凡是在金山附近海岸捕魚的，都會利用晚上的時間挑著魚貨翻越擎天崗，到達士林、大稻埕出售。

「哇，你的擔子沈甸甸的，看來收穫不錯喔！」阿水說。

「你看你的扁擔彎垂得像月亮，今天鐵定發財了啦！」阿勝回了一句。

兩人邊走邊抬起槓來，卻也不敢讓腳步鬆懈下來，因爲天亮前必須趕到士林的市場才行。他們走過一條山路後，越過大嶺（今擎天崗大草原），經過山豬湖、山仔后、公館地、新安，抵達了士林芝山岩。今天他們決定留在士林賣魚，因爲今天的人潮特別多。有時候，他們也會把魚貨挑到大龍峒或大稻埕去。

回程的時候，阿水還有金包里的幾個漁民結伴同行。

「聽說，金山到基隆的輕便台車工程已經動工了，很快就要開通了。」阿勝說。

「眞的嗎?開通以後，我們就不必這麼辛苦走這麼遠的路，翻山越嶺的去賣魚了。」阿水喜形於色的說。

「是啊!到時候我們只要把魚用台車運到基隆，再坐火車到台北，就可以了。」

「這樣走也習慣了，你看，這裡的風景這麼漂亮，以後我們會想念這條路的。」漁民胡仔說。

挑著空的竹簍，輕鬆愉快的往回家的路上走著，心

• 交通不發達的年代，所有的運輸都得靠雙腳，後來又陸續出現許多與民生相關的道路，在台北市信義區和木柵深坑之間，有茶路古道、羅米古道。木柵深坑的茶葉經古道賣到公館；台北市信義區是昔日稻米產區，經由羅米古道將稻米賣到木柵深坑。羅米，就是買進米穀的意思。

MOUSE 2000320

裡憧憬著輕便台車帶來的便利。

魚路的白天也是熱鬧滾滾的，行旅、商人、趕牛的、賣雜貨的、挑茶葉的、背藥材的……，個個都行色匆匆的在這條路上來來往往。

物換星移，即使是日本人統治台灣了，這條路依然熱鬧異常。爲了軍事上的目的，日本人強行徵調民伕，強迫他們在這條路上鋪上小石塊，築起水溝、涵洞、駁坎……，日本軍人駕著馬車拖拉著轟隆作響的大砲管，在這條路上呼嘯而過。魚路隨著時代的演變，也不斷的更換自己的面貌及角色，但是，他從來沒有拒絕過任何人……，包括抗日分子以及爲了生計走私魚貨的漁民。

一九四二年，太平洋戰爭爆發。日本人嚴禁魚肉的販賣。

金山是個臨海的漁業聚落，魚產豐富，居民大都以捕魚爲業，禁止魚肉的買賣，不是斷絕了當地居民的生計嗎?於是，漁民們重新記憶魚路，小心翼翼的來往於魚路上走私魚貨。

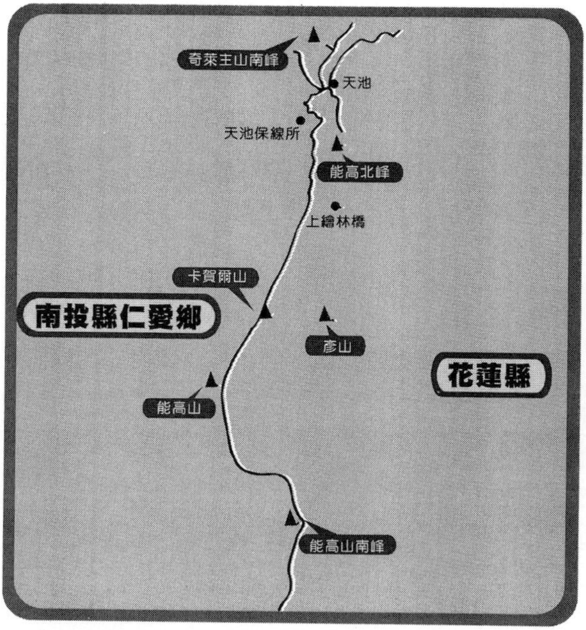

能高越嶺古道

MOUSE2000320

國家公園之旅

國家公園自民國七十一年一月成立墾丁國家公園之後，相繼有玉山、陽明山、太魯閣、雪霸及金門六個國家公園。山林不僅是一個蘊藏著豐富動、植物生態的寶庫，森林與人類的生活息息相關，設立國家公園，融合了保護山林、提供人類育樂以及教育的功能。

•台灣松雀鷹是一種小型鷹，是台灣六種猛禽留鳥之中體積最小的一種，由於多半在密林當中活動，很少在天空中出現，所以一般人很少有機會看到牠們。

蔚藍的天空中，兩隻松雀鷹一前一後的飛行。他們是一對夫妻，原來住在高雄壽山的一處密林裡，後來鷹巢被發現了，有人不斷的對他們進行窺伺，全天候的將鏡頭瞄準他們，讓他們感到困擾。妻子英英最近直嚷著要換一個安全的不受打擾的環境居住，作丈夫的威威只好到處尋覓新的棲息地。威威後來聽說住在國家公園裡，可以受到很好的保護。於是威威自行對幾個國家公園做了一番調查後，決定帶英英去幾個國家公園參觀一次，再作搬家的決定。

「我先帶妳到玉山國家公園去看看。玉山國家公園是目前六個國家公園裡占地最廣的，它的區域總面積高達十萬五千四百九十公頃。你看，這裡的植物生態這麼豐富，很適合野生動物們居住的。這裡還有一個具有歷史價值的八通關古道，以及布農族文化等等人文史跡，人們來到這裡，除了休閒旅遊的功能外，還可以做一番文化的洗禮。」

他們飛行在玉山塔塔加鞍部附近。看見一個皮膚黝黑的男子，從塔塔加鞍部開始出發，進行例行性的巡邏工作。

「那個人叫吉多，民國七十五年玉山國家公園成立以來，吉多就擔任巡山員，至今也十三年了。他很喜歡這分巡山員的工作，讓山林保持原狀，讓動物們生活在安全的環境裡，繁衍更多的子子孫孫，是他工作的性質。」

他們停靠在樹上觀察著吉多。

吉多眼尖，看見一片枯樹葉底下露出的一個小鐵片，他拿起樹枝撥開樹葉，果真是一個鐵夾陷阱，他用樹枝撥弄陷阱，兩片被撐開的鐵夾立即彈跳起來，緊緊

• 一九三五年，台灣國立公園委員會決議設立「新高、阿里山」（今玉山、阿里山）、「次高、太魯閣」（今雪山、太魯閣）及「大屯」（今大屯、七星、觀音山）等三處國立公園。一九三七年，總督府內務局國立公園協會宣布「新高、阿里山」國立公園的範圍。因太平洋戰爭爆發，一切措施皆遭擱置。

的夾住樹枝，吉多將陷阱放進背後的背包裡，繼續前進。

右下方的叢林裡傳來一陣窸窣聲，吉多看見一隻山羌快速的奔跑而過，他不禁笑了出來，對著遠去的山羌說：

「別緊張，我不當獵人已經很久了，我現在是保育科的巡山員，是你們的朋友。」

威威對英英說：「從獵人的身分搖身一變成爲保育巡山員，吉多度過了看見動物就想抓的尷尬期。他曾經是部落裡傑出的獵人，他把父親交給他的狩獵技巧發揮的淋漓盡致，他只要蹲下來，仔細的觀察地上的足跡和排遺，就能分辨有什麼動物經過，什麼植物上有什麼動物啃咬的痕跡。這項本領讓他在從事園區巡山工作上有很大的幫助。

•除了已畫設的六處國家公園之外，還有包括淡水河紅樹林、關渡、三義火炎山等十八處自然保留區；以及澎湖望安鄉綠蠵龜產卵棲地保護區、大肚溪口水鳥保護區等十處野生動物保護區。全面落實自然生態保育工作。

「上次我來的時候，正巧看見他在山裡和一頭台灣黑熊面對面碰見了，他體內屬於布農族獵人的血液正猛烈的沸騰著，他握住腰間的刀的手，因爲用力過猛而顫抖著，但是，他慢慢的鬆手，緩緩的轉身，背著黑熊腳步平緩的走著，他感覺到黑熊也朝著另一個方向移動。危機解除了。」

他們在高空繞行，發現玉山國家公園除了登山客多了一些，還算是個不錯的地方。他們再度飛往雪霸國家公園。

「八十一年七月，台灣第五座國家公園，區域面積有七萬六千八百五十公頃的雪霸國家公園，正式成立了。雪霸國家公園因爲交通的不便，人跡罕至，所以，這片山林被破壞的程度相對減低了許多。」

「人類爲什麼要設國家公園哪！這樣他們就不能自

由的在山上進進出出了？」英英問。

「如果每個人都不經過別人的同意，便在別人的家裡進進出出的，那麼，這個家很快就被踩扁了，東西也被別人搬光了。」威威用一種充滿自信的口吻解釋著。

「山林不僅是一個蘊藏著豐富動、植物生態的寶庫，森林與人類的生活息息相關，如果不立法保護，山林被濫砍，水源被污染了，森林生態遭到破壞，將危及所有包括人類在內的生物的生命。所以設立國家公園，融合了保護山林、提供人類育樂以及教育的功能。

「台灣目前有六座國家公園，除了墾丁國家公園和金門國家公園之外，其餘四座都是高山型的國家公園，國家公園成立以後，就好像為台灣這片土地加裝了一個防護罩，所有的動、植物就可以無憂無慮的生活在森林裡了。」

英英頗為認同的點點頭。

「雪霸國家公園是稀有動、植物的天堂，因為這裡有許多瀕臨絕種的動物，例如台灣黑熊、石虎、帝雉、藍腹鷴，還有台灣國寶魚——櫻花鉤吻鮭。」威威繼續解說著。

「雪霸國家公園境內，海拔超過三千公尺以上的山就有五十一座，最有名的就是雪山和大霸尖山。這兩座山之間有一條長達十五公里的岩稜，被原住民以及登山人士視為神聖之地，後來就正式取名為『聖稜線』」。

「如果我們搬來這裡居住，不僅可以受到良好的保護，還有看不完的高山美景呢！我們未來的孩子也一定會喜歡的。」英英興奮的說。

「別急著做決定，還有兩個國家公園還沒看呢！」

英英堅持要在雪霸國家公園裡的森林裡住上幾天，

•冰斗是標準的冰河地形，在冰河的發源地，中間部分因冰河侵蝕作用形成的窪地，形如斗狀，所以稱爲冰斗。要有冰斗得先有雪線，熱帶高山區的現代雪線平均約高五千公尺，海洋性地區高山可再降低五百公尺達到四千五百公尺。台灣屬於熱帶地區，玉山主峰三千九百五十二公尺，雪山主峰三千八百八十六公尺，距離雪線還差五百到一千公尺。許多研究人員據此推斷，雪山與

（接下頁）

這樣才能感覺這個國家公園是不是眞的合適。第一天晚上，他們就認識了新朋友，另一隻雀鷹小飛，小飛答應第二天爲他們介紹園區的環境。

「那個凹凹的地方，是雪山最受爭議的地形景觀。台灣高山地區，南湖大山和雪山主峰都發現有這樣的圈谷，這是冰河的遺跡，證明台灣高山曾經受到冰河的影響。但是，並沒有更確切的證據證實圈谷就是冰斗，因爲到目前爲止，台灣冰河地形還被正反兩派爭論中。」

英英對這個什麼冰河歷史一點也不感興趣，她催促著到別處瞧瞧。

五天後，英英和威威重新啓程，飛越了層層的山巒，來到台北陽明山的上空。陽明山四周環繞著七星山、竹子湖山、紗帽山、中正山，南邊是茂密的森林，其餘的區域則展現多樣的植物族群。

（接上頁）
（接上頁）

南湖大山的冰河遺跡，絕不可能是現在冰河所形成的。

「第三座是陽明山國家公園，於七十四年九月成立，位於台灣最北端的富貴角海岸與台北盆地之間。大屯火山區是一個完整的火山地質地形景觀，緊鄰台北市，成爲台北市民最喜愛的休閒場所。尤其每年到了春天，百花盛開的時候，更是湧進無數的人潮。」

英英流露出不安的神情：「火山？天哪！咱們快些離開這裡吧！萬一火山爆發了，就來不及了。」

威威笑著說：「別緊張，科學家依據地質年代檢測結果推斷，大屯火山群以前曾發生過三次的爆發，第一次大約是在二百五十萬年前，結果形成七星山的底層和大屯山；第二次則在七十五萬年以前，結果形成竹仔山、小觀音山、面天山和向天山。第三次則在五十萬年前，那次形成了七星山上層、磺嘴山和大興后山。」威威飛在陽明山上空，介紹一座座因火山爆發形成的山

峰。

「我覺得住在這兒挺沒安全感的。你看，那裡還冒著滾滾熱氣，一副蓄勢待發的樣子。」英英憂慮的說著。

威威知道英英指的正是硫磺噴氣孔。「噴發活動已經停止了，那只是火山留下來的遺跡。除了火山地形景觀，陽明山還有許多珍貴稀有的植物，例如紅星杜鵑、小毛氈苔、八角蓮、野鴨椿等等。還有幾個壯觀的瀑布，還有美麗的夢幻湖……。」

「我們還是快快走吧！這裡我是不考慮了，火山……眞是恐怖。」

威威只好帶著英英往最後一站太魯閣國家公園前進。他們飛行在清水斷崖上空，蘇花公路一面瀕臨太平洋，一面緊連清水山，構成一幅壯麗雄渾的畫面。

「哇！好壯觀的沿岸風光啊！」英英驚嘆道。

「這是著名的蘇花公路上的清水斷崖。」威威說。

「我帶你去看世界上最雄渾偉大的雕刻大展。」

「是哪一位雕刻家？我們能進入展覽室嗎？」

「那是一個大型的戶外展覽場，任何一種生物都可以去參觀。至於是誰雕刻的，待會再告訴你，因爲我們現在已經進入台灣第四座國家公園園區了。太魯閣國家公園是在民國七十五年十一月成立的，區域總面積有九萬二千公頃。」

沒多久，威威和英英進入太魯閣峽谷上空。「妳看，這條是中橫公路，是在民國四十五年開工鑿出來的。當時是由蔣經國先生率領一批榮民，歷經三年十個月的時間，一斧一鑿開闢出來的。」

威威指著懸崖下方滔滔奔流的河水說：「它就是那

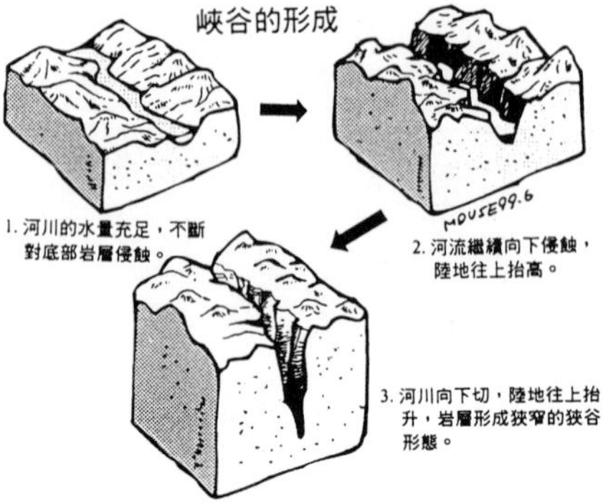
峽谷的形成
1. 河川的水量充足，不斷對底部岩層侵蝕。
2. 河流繼續向下侵蝕，陸地往上抬高。
3. 河川向下切，陸地往上抬升，岩層形成狹窄的狹谷形態。
MOUSE99.6

位偉大的雕刻家，它的名字叫做『立霧溪』。立霧溪是太魯閣最重要的河流，它流經全區三分之二的範圍。」

「一條溪怎麼算得上是雕刻家？」

「別小看它了，它可是國家公園內最大最重要的河川，它發源於奇萊北峰和合歡山附近。太魯閣峽谷的形成是因爲地殼隆起，湍急的河水不斷的沖刷、切割著國家公園內的大理石岩，日積月累，經過百萬年的歲月，才形成太魯閣峽谷這樣垂直、壯觀的絕壁景觀。台灣最古老的地質區，就是這片大理石岩。」

「怎麼樣？對於這件曠世鉅作，你有什麼看法？」威威問。

英英嘖嘖稱奇：「哇！歷經幾百萬年才完成的作品，確實偉大，也讓人感動。」

「那些層次分明且布滿皺摺的大岩石，原來是大陸棚的沈積物，經過萬年的堆積，已經固結形成石灰岩，這些石灰岩還在地底的時候，受到地熱和壓力的影響，岩石變得柔軟，產生了美麗的水波紋路，所以當造山運動將這些岩石拱出海面，有些岩石就變成我們眼前所見到的大理石岩。」

英英和威威停棲在距離錐麓大斷崖古道上不遠的一棵樹上，欣賞著眼前雄偉的奇景。

「我決定了。」英英說。「我決定要留在這裡。你看，我們停留的這個地方，人類根本無法到達，不僅安全，每天睜開眼睛，就可以面對這樣的壯闊的景色，不是太美好了嗎？」

「是啊！我也挺喜歡這裡的。」威威說：「既然決定在此住下了，我得先張羅我們的家了。」

錐麓大斷崖古道附近傳出幾聲「唧唧唧」的叫聲，

•錐麓大斷崖古道位於立霧溪北岸，中橫流芳橋與靳珩橋之間，由大理石岩構成，峭壁寬達一千二百公尺，高六百公尺，是太魯閣峽谷最壯觀的風景。在古道修築前，峭壁上已有寬約三十公分的小徑，是原住民往來各部落間的通道。由於此路步步危機，險象環生，書上也記載有當時原住民往來古道之描述：「人人均捫壁蟹行，自始至終不敢交談。」

兩隻眼神有點疲累卻流露出幸福光芒的雀鷹，正快樂的啣來枯樹枝打造自己的家園。

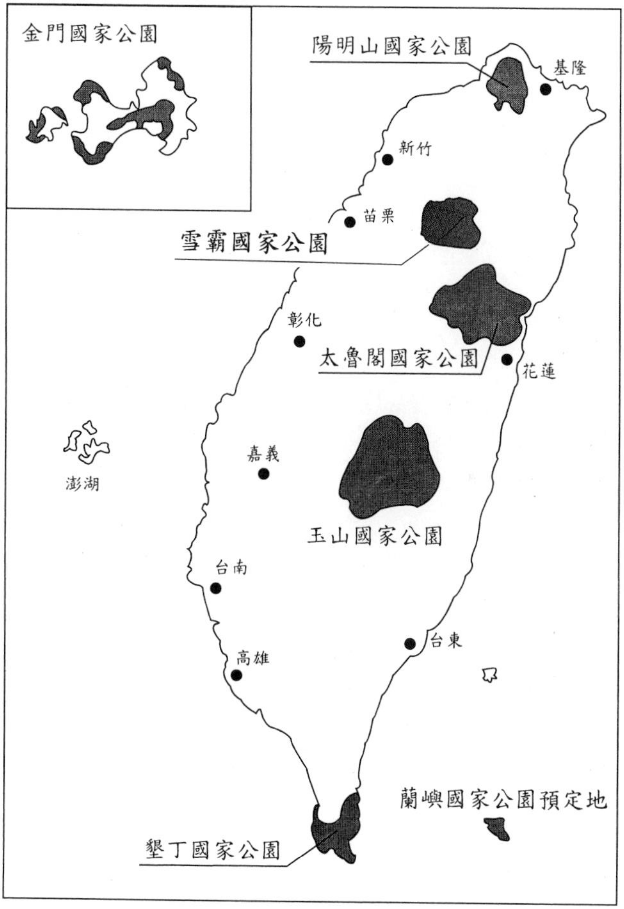
金門國家公園
陽明山國家公園
基隆
新竹
苗栗
雪霸國家公園
彰化
太魯閣國家公園
花蓮
澎湖
嘉義
玉山國家公園
台南
台東
高雄
蘭嶼國家公園預定地
墾丁國家公園

與山的癡情相戀

山林是這麼的美，站在山頂上欣賞高山壯闊的美景，變化萬千的雲霧，令人有一種遺世獨立的清靜；最重要的還是，人在親近自然時，身心獲得清澈豁暢的感覺。登山的樂趣除了登高望遠之外，還能從一丘一壑、一草一木間，領略大自然的奧妙。

仙仙原本是一位快樂的仙女，她樂觀，喜歡幫助人。這天，她正在觀看「透視水晶球」，她看到一幕令她驚心動魄的情景之後，仙仙的生活有了重大的改變。

她看到一群人在高山上拼了命似的攀爬著，有人一個滑腳摔了下去，又重新站起來，握住繩索再度往上攀爬。仙仙覺得不可思議，也很不忍心，山頂上有什麼呢？讓這群人這麼賣力的追尋？仙仙將鏡頭轉向山頂，山頂上光禿禿的一片，除了岩石外寸草不生，什麼也沒有，沒有閃閃發亮的金塊，也沒有成堆的鈔票，爲什麼這些人甘冒生命的危險進行這麼危險的活動？

於是，仙仙又發揮她天生的雞婆個性，她用仙女棒一揮，一陣強風把這群辛苦貼在崖壁上的人全送上了山頂。仙仙正爲自己的善行感到滿意的時候，接下來發生的事更叫她瞠目結舌不知所措：站在山頂上的那群人開始破口大罵，有些人甚至開始攀住繩索往下垂降，回到剛才的位置重新攀爬。

始終快樂生活的仙仙，第一次嚐到沮喪的滋味，她因爲自己太不了解人類而感到挫敗，她覺得她應該身體力行的去感受人間各種喜、怒、哀、樂，唯有那樣，她才能做一個稱職的仙女。

「敬愛的仙后，請暫停我一年仙女的職務吧！」仙仙向仙界的國王提出請求。

仙后詫異的詢問爲什麼？仙仙訴說原委，並提出要交出仙女棒進入凡間體驗生活的要求。

「仙仙，妳要知道，交出仙女棒之後，妳就是一個凡人，妳得像一般的人那樣爲了生活上的各種需要去努力奮鬥，妳也許會因此而失眠，然後臉上會長出許多的青春痘，妳還得靠雙腳走路，妳修長的美腿將會變成蘿

•玉山位於南投縣信義鄉、高雄縣桃源鄉及嘉義縣阿里山鄉的交界處，標高三千九百五十二公尺，是東北亞第一高峰，台灣最高峰，北回歸線橫越而過，所以從平地到山頂，可觀賞到熱帶、亞熱帶、溫帶、寒帶等的植物生態。

萄腿……。

仙仙態度堅決，仙后只好給她一年的期限，一年之內沒有回來，將喪失仙女資格，永遠變成一個普通的人。

仙仙下到凡間後，由於她念過仙界的大學，所以她應徵小學代課老師馬上就被錄取了。她報名參加學校的登山社團，買了許多的登山設備，準備攀登第一座山。仙仙欣喜若狂，她終於要解開爬山的秘密了。同事們建議她上山前得先鍛鍊體能，否則會上不了山的，於是仙仙利用放學後的時間，跑操場自我訓練。

這次要攀登的山是台灣最高峰——玉山。仙仙眞會選時機，春天是萬物復甦的季節，從塔塔加鞍部，仙仙就感受到春天的氣息，她用力的吸了一口氣，讓淸甜的空氣進入體內。登山隊伍從登山口開始沿著山壁一路迂迴上山，清甜涼爽的空氣一路伴隨，仙仙覺得，大自然像一塊超極大的吸鐵石，而人類就像鐵屑，自然而然的被吸引了過去。

休息的時候，登山隊隊長阿城問仙仙：「這是你第一次爬山嗎？」

「是啊！」

「爲什麼想爬山？」

「因爲我從『透視水晶球』裡看到……」仙仙警覺到差點說溜了嘴，趕緊補充說明：「我的意思是，我想了解你們爲什麼這麼熱中爬山，前一陣子不是有一支國際登山隊，去挑戰聖母峰，結果因爲暴風雪引起雪崩，好幾個人葬身在雪堆裡，有人生還卻從此失去了所有的手指頭。明明知道爬山是這麼危險，爲什麼還要去？我來，就是要找尋這個答案。」

•從平地往山上爬，每上升一百公尺氣溫就下降零點六度，等於在北半球向北走一百公里。山勢愈高，氣溫愈低，等於緯度愈來愈高。

•排雲山莊位於主峰西坡下約二點四公里處，距離塔塔加登山口約八點五公里，海拔二五二八公尺，此處可以欣賞到晚霞、雲海等景觀，是攀登玉山群峰重要的住宿基地。

「妳看山林是這麼的美，站在山頂上欣賞秀麗山川，變化萬千的雲霧，令人有一種遺世獨立的清靜；最重要的還是，人在自然裡身心得到自由後清澈豁暢的感覺。有人形容高山是一個母親，所有的登山客是嚮往並渴求母親用愛慰藉的孩子。這樣的形容很貼切哩！」阿城滔滔不覺的說著對山的熱愛，黝黑剛毅的臉上散發出強烈的自信。

隊伍再度前進，之字形的山路不斷的向上攀升，仙仙累得再也走不動了，她覺得胸口因爲氧氣不足就要爆裂了，她靠在一棵松樹上大口大口的喘著氣，她開始後悔了，好端端的爲什麼要受這種苦，「我眞是個大笨蛋哪！」

「沒關係，休息一下再走，就快到排雲山莊了。」阿城站在一旁陪著她。

「登山又苦又累，你爲什麼這麼樂此不疲？」仙仙不解的問，她下定決心再也不要爬山了。累死人不說，背上的大背包又重得不得了，險些把她給壓扁了。

「我第一次爬山的時候也和妳現在的心情一樣，可是，下山回到家以後，腦海裡出現的卻都是山的影子。妳再多爬兩座山就會明白這是怎麼一回事了。」阿城笑著回答。

阿城一路陪著仙仙到達排雲山莊。清晨兩點，睡得正甜的仙仙被搖醒。

「我們要攻頂了，今天天氣很好，可以看到美麗的日出。」阿城對著一臉睡意的仙仙說。

後悔的情緒再度激烈的在她的胸腔裡翻騰。爲什麼要到人間來爬山，連個覺都不能好好睡？未經深思熟慮，就做出這個決定，就用登山的苦來懲罰我好了。

仙仙強忍著濃濃的睡意，鑽出睡袋，呵欠連連的收拾著裝備。她心裡盤算著：下山之後再也不爬山了，再忍耐幾個月，就可以回到仙界重新做一個美美的仙女了。當個凡人還眞是辛苦！

一走出屋外，仙仙立即被滿天明亮的星斗給吸引了，一顆流星迅速的劃過湛藍的天際。這樣的星河美景，平地絕對是看不到的。

三個小時之後，登山隊終於抵達玉山山頂，這時東邊的天空已經滿天朝霞了，沒多久，太陽從山頭冒出頭來，霎時，萬道光芒也一併放射開來。

天漸漸亮了，站在玉山山頂，阿城指著玉山四周在雲霧間冒出山頂的山峰，一一說出他們的名字，彷彿他所介紹的是他認識多年的朋友一般。

「登山不但要欣賞山川的地形景觀，也要認識地質，才能從大自然造物的奧妙當中，享受登山的樂趣。」阿城說。

仙仙全然忘了登頂過程的艱辛，她站在山頂上渾然忘我的陶醉在世界在自己腳下的美妙的感覺。當了二十幾年的仙女，這樣身歷其境的眞實感受，仙仙還是頭一遭。千峰競秀，萬巒爭雄，仙仙此刻感覺到，她的胸懷比這山岳還要開闊，比這藍天還要清朗。

一個月之後，阿城來到仙仙的辦公桌前對仙仙說：「下個月的四天連續假日，我們要去爬奇萊山，妳去不去？」

「去呀！怎麼不去？」仙仙一口答應。

「不會抱怨——登山很苦——半路要我背吧！」阿城調侃著仙仙。

「才——不——會。」仙仙充滿自信的說。

• 山頂上所見到的大都是光禿禿的岩石或碎石塊，那是因爲山頂氣溫低、風勢強勁、空氣稀薄，植物難以生存的緣故。

當然，攀登的過程裡，仙仙偶爾還是會抱怨幾句，但是每當她在路旁看見一朵罕見的花朵，一片嶙峋的、造型奇特的峭壁，或者站在山頂欣賞山岳美麗的線條時，她就會許下承諾，下回還要去爬山，因爲登山的樂趣除了登高望遠之外，她已經能從一丘一壑、一草一木間，領略大自然的奧妙；從巍峨峰巒間學習到山的謙遜。

仙仙用十年的時間成功的完成了百岳，她完全忘了與仙后約定的時間，早已失去了返回仙界的機會，成爲一個必須經歷生老病死的凡人。但是，偶爾回憶起仙女的歲月，仙仙還是覺得登山比當仙女有趣多了。

台灣山岳會

日本警備道路完成之後，原住民受到控制，登山活動因為這層危險的因素解除了而蓬勃起來，一九一三年成立「登山會」。一九二六年，正式成立「台灣山岳會」的登山組織，會員一百六十六人，至一九三六年時，增加為三百零三人。會員裡，一個台灣人也沒有，他們就是不讓台灣人入會，所以台灣人只能爬爬小郊山過過癮。

很久以來，台灣的山脈靜謐祥和，如嬰兒般沈睡，除了依賴著它生活的原住民族，偶會在它的胸膛穿梭奔跑追逐山羌、野鹿，替山林注入些許活力之外，山，大多時候，是沈睡的。直到有一天，日本人來了，山終於甦醒了。

數十個日本人背著背包，腰間配戴著長刀，手執登山杖，在叢林裡穿梭，有幾個士兵握著槍枝謹慎的戒備著。他們互相提醒著：

「聽說高山上住著凶悍的原住民，得小心提防，免得遭到暗算。」

日本人接收台灣，開始要治理台灣了。

「平地上的那些老百姓還好控制，但是，深山裡那些原住民眞叫人頭痛啊！」

「是啊！不是襲擊我們的警察，就是對我們發布的

政令不理不睬。眞是氣死人了。」

「得先讓這些原住民族歸順聽話才可以。」

「當務之急得先規畫幾條通往部落的道路，方便管理。」

這群人今天上山，最主要的目的就是要探勘山林，然後找出幾條路線，造幾條理番道路，有路才有希望。

帶隊的是日本最有名的登山家與測量師——野呂寧。他站在高山上，極目四望，層層疊疊的峰巒在陽光下展現著不同層次的綠。

「台灣的山眞的好美呀！你看，高峰林立，林相優美豐富，這裡簡直是動、植物的天堂。」野呂寧情不自禁的發出讚嘆。

爲了完成理番大業，日本人組織了幾支登山隊伍，冒險進入山林，進行測量及產業的調查。幾個喜愛登山的隊員，更在閒暇的時候另組登山隊伍，攀登台灣大山。一八九六年，由東京大學農科教授本多靜六率領的登山隊，成功的登上了玉山，經過測量，他們發現玉山居然比日本的富士山還要高，於是在隔年，明治天皇就將玉山改名爲「新高山」。

一八九六至一九一三年，十七年的歲月，日本的登山隊已經完成了新高山、巒大山、大水窟山、關山、大武山、南湖大山等山的登頂紀錄，並打下三角點基石。

理番道路完成之後，原住民族受到控制，登山活動因爲這層危險的因素解除了而蓬勃起來。一九二六年，日本正式成立了「台灣山岳會」的登山組織，繼續攀登台灣高山。在成立當天，並且發表了一分「台灣山岳會設立宗旨說明書」，第一段話就說明了人類對山的依賴：

「登山理應成爲一個偉大國民的年中行事。我等觀察東西五千年歷史時，其民族之興起多發源於山岳地帶；偉人高僧多藉山靈養育完成其人格。山岳感化人類成就其偉大，並成爲土地上精神養成的唯一靈場。」

台灣山岳會並著手高山地形測量與繪製地圖，同時進行台灣氣象、地質、地理、昆蟲、動物、植物、森林以及人類學的學術研究性質的調查工作。從學術目的登山延伸至休閒登山，日本人開啓了台灣的登山風氣。

王進發和幾個朋友都是「萬華登山會」的會員，他們一行七人，正在前往觀音山的路上，他們熱愛爬山，但是登山會是官方組織，身爲次等國民的台灣人，是被限制參與的。他們頂多只能爬爬近郊的小山，過過親近山林的癮。

「我最大的願望就是要登上新高山山頂啊！站在台

•進入台灣的高山，得申請入山許可證，入山證又分爲甲種和乙種入山證。甲種入山證必須持有相當證明文件和理由，於一個星期前向警政廳或各地縣警察局辦理；乙種入山證只需攜帶身分證在當地派出所辦理即可。沒有入山證貿然入山，將遭受罰鍰處分。

灣最高點看世界，如果眞有那一天，我這一生就沒有什麼好遺憾的了。」王進發站在觀音山上，有感而發的說。「你看過大霸尖山的圖片沒有？哇！眞要站在那個大酒桶上頭才叫威風哪！」

「身爲台灣人，卻不能爬台灣的山，眞是悲哀！」山友阿原若有所失的回應著。

「我兩度試著申請入山都被拒絕了，看來，登大山的夢，是遙遙無期了。」王進發說。

「『台灣山岳會』裡有二百多個會員，可是一個台灣人也沒有，他們就是不讓台灣人入會。哼，沒關係，爬爬小郊山也不錯啦！」阿原自我調侃的說。

「一定會有那麼一天，」王進發一臉憧憬的說著：「我會站上台灣最高峰、東北亞第一高峰。」

一九四二年以後，「台灣山岳會」終於開放給台灣會員加入。但是，只有十幾名台灣人加入登山會，因爲登山在當時是一種貴族運動，登山設備是極其昂貴的東西，不是一般台灣人消費得起的。因此，台灣省山岳會的會員都是有錢有閒的生意人居多。

台灣光復後，這十幾個台灣會員，接收「台灣山岳會」，然後改名爲「台灣省山岳協會」，繼續爲推動台灣的登山風氣努力。

但是時值光復初期，台灣社會仍處於貧困以及物資缺乏的階段，每個人都爲了生活忙得團團轉，哪有那個精神去從事爬山活動。所以每當農民們看見那些背著大背包準備登山的登山客，就開始譏笑他們：

「這些人眞是吃飽飯沒事做，背這麼一大包，走這麼難走有危險的路去山上吹冷風，狷仔才這樣。」

「就是嘛！愛爬山流汗，來替我掘土種番薯，讓他們流汗流個夠。」

登山客通常不大理會這些人的冷朝熱諷，他們認爲這些人沒有爬過山不會懂得爬山的樂趣，費盡千辛萬苦站在山頂上，看世界的遼闊，俯瞰群山在雲海裡浮沈，這般詩情畫意，足以淨化心靈，開闊胸襟，暫時遠離塵囂，爲繁忙的日子注入新的活力。

況且，要登一座高山，並不像走自家廚房那麼的容易，申請入山證時常常受到刁難，被拒絕入山也是常有的事，入山之前背包被徹底搜查更是家常便飯，但是，他們愛山，總也能克服種種困難與等待，完成一座又一座的登頂紀錄。

•四十年代的國民政府，是禁止攜帶望遠鏡與照相機入山的。因爲當時時局仍處於不穩定狀態，政府當局擔心這些登山客是要到山裡集會，準備造反作亂，所以才有重重的限制。

四大天王與百岳

蔡景璋、邢天正、林文安和丁同三，他們四個人是台灣登山界的四大天王。為了打開登山的瓶頸，帶動登山的風氣，他們一遍又一遍的勘察地形、訂出路線、整理繪圖，經過嚴謹的磋商後，「台灣百岳」終於定案。台灣的登山活動也因為百岳的訂定而開始蓬勃起來。

•一九二七年春天（民國十六年）台北第三高等女學校（現今中山女高前身），在台北山岳協會日籍敎師大橋捨三郎帶領下，穿著裙子攀上玉山頂峰（因爲那個時代女孩子是不准穿長褲的），成爲台灣第一批登上玉山山頂的女學生。當時隨行的還有照相師、電影師。電影片沖出來後，在萬華龍山寺公開放映。

睡前，我再一次檢查我的登山裝備是否齊全，我把一本野花圖鑑以及一枝放大鏡放進背包裡，雖然增加了重量，但是，能多認識一種花，對我而言是登山最大的收穫了。

媽媽明天要攀登最後一座百岳，成功登頂之後，媽媽就是百岳女將了。明天會是一個熱鬧的日子，許多的山友會參加媽媽完成百岳的慶祝會，在海拔三千公尺以上的山頂上舉行慶祝會，一定很有意思。今天要爬的山叫做關山嶺，媽媽選這座山作爲百岳的最後一座是有道理的，因爲車子可以直接開到登山口，從登山口到達峰頂，只要二、三個小時，我們背了很多的香檳及食物，這種不太吃力的山是最佳選擇。

爸爸五年前就已經完成百岳了。這是我第五次跟著媽媽爬山，媽媽說，我十一歲爬了五座百岳，已經是一項了不起的成就了。爸爸希望我從爬山的活動中學會吃苦耐勞的本事，所以，我從小就跟著爸爸、媽媽爬過各種大大小小的山。漸漸的，我也變得喜歡爬山。除了欣賞千變萬化的景色之外，山徑兩旁的植物與昆蟲，也是吸引我上山的原因之一。希望有一天，我也能夠完成百岳。

「這一百座山是誰定出來的呀！書上說，台灣超過三千公尺以上的高山就有二百多座，他以什麼標準選擇這一百座山呢？」我在休息的時候問父親。

神采奕奕的媽媽回答說：「這個問題問得很好。早期台灣攀登的高山只限於五岳三尖，這些山爬完了，登山就出現瓶頸，因為沒有山可以爬了。為了打開這個瓶頸，帶動登山的風氣，山岳協會興起了百岳的構想，有一位愛山成癡的林文安先生，立即著手策畫，他花了好

•五岳三尖指的是：玉山（三九九七）、雪山（三八八四）、南湖大山（三七四〇）、大武山（三〇九〇）和秀姑巒山（三八六〇），中央尖山（三七〇三）、大霸尖山（三五〇五）、達芬尖山（三二二〇）。

幾年的功夫，一年三百六十五天，他有兩百天是在山中度過的。他爬過台灣兩百多座三千公尺以上的高山，百岳就是從這兩百多座山裡挑選出來的。他一遍又一遍的勘察地形、訂出路線、整理繪圖，最後會合其他三位登山界元老——蔡景璋、邢天正、丁同三，他們四個人是台灣登山界的四大天王，經過一番研究磋商後，『台灣百岳』終於定案。台灣的登山活動因為百岳的訂定而開始蓬勃起來。」

媽媽是今天的主角，她顯得容光煥發，侃侃而談當中，也流露出她對登山知識的博學。

「喔！他選好了百岳之後，就會同其他三個人再試登一次，幾次研商過後，終於訂出了百岳，同時在民國六十一年十二月五日成立『百岳俱樂部』。林文安是第一任會長。」爸爸補充道。

•「中華山岳協會」的前身就是「百岳俱樂部」。

•台灣也有高山嚮導的規定，每十名登山客中，就得有一名嚮導隨行，否則不准入山。攀登十座以上百岳，就可以申請高山嚮導證，擔任嚮導的工作。

「那位林文安先生現在一定很老很老了吧！」我稍微推算了一下，林先生應該有七、八十歲了吧！

「很不幸，林先生已經過世二十幾年了。民國六十四年五月，他在攀登雪山的時候，發生山難，葬身在他最喜愛的山林裡。」

「那另外三大天王呢？」

「年紀最小的丁同三已經七十幾歲，百岳已經爬了三次，光是玉山他就爬了一百多次，現在還在爬山呢！」媽媽說。

「要用什麼方式才能證明我們爬完了百岳呢？」

「以前你爬到山頂的時候，不是站在三角點上拍照了嗎?那些照片就是最好的證明了。等你爬完百岳，再將所有的照片蒐集起來送到『中華山岳協會』，他們審核通過以後，就會發證書給你，你就是百岳大將了。」

爸爸說。

「走吧！再一個小時就到山頂了。」媽媽站起來，拍掉褲子上的泥沙後說。

終於爬到山頂了，這段路走來很輕鬆，每一個人輪流和三角點拍照，我也拍了幾張照片。大夥兒在山頂上舉起易開罐啤酒，恭賀媽媽完成百岳了。

「這些三角點有什麼作用？爲什麼還分爲一等、二等、三等？」我問。

「我們登山，都以踏到三角點作爲登頂的完成。」爸爸指著三角點的邊緣說：「三角點就是繪製地形圖的『三角測量基點』，依測量的三個點埋設固定的基石，就是三角點，三角點關係到測量這座山的精確性，是不能隨便搬移或毀損的。至於等級則關係到山頂上的視野的展望，一等三角點的視野最遼闊，再來是二等、三等，四等是最差的。」爸爸說。「台灣高山上的三角點，大都是日治時代日本人所埋設的。」

站在山頂上，遠眺關山群峰，白雲圍繞在層疊的山巒間，讓人感覺到浩瀚宇宙的偉大。

爬完一百座山要花多少時間哪！爸爸八年之內就爬完百岳了，媽媽花了十二年，我兩年爬五座山，按這樣推算起來，我五十歲的時候才能爬完百岳呀！也許不用這麼久，因爲爸爸說，一旦愛上山，你就會時時刻刻想著山，無論如何都會抽空去爬山的。爬山的時候又累又苦，有幾次我都覺得自己要放棄了，但是，想到能站在山頂上飽覽群峰與欣賞壯觀的雲海，我又咬著牙撐下去。到達山頂的時候，我又慶幸還好沒有折返，否則就看不到這樣的美景了。

我拿出紙筆在山頂上簡單的記下這次的登山日記：

「關山嶺山，標高三千一百七十四公尺，屬於二等三角點。是南橫公路沿線上著名的『郊山化高山』，因爲山就在距離公路不遠的地方，公路上有山莊，沿途也有工寮可以住宿，所以，這座山可以背輕裝，當天就可往返，基於這點原因，媽媽選擇關山嶺作爲百岳的最後一座，因爲可以用很優閒的心情上山。

「我發現台灣許多高山都有白木林，關山嶺的白木林是鐵杉，鐵杉遭到烈火紋身之後，其實已經死亡，但是，因爲山上的氣溫低，樹幹不容易腐壞，樹幹經年累月的遭受風吹雨淋，樹皮被吹落了，所以才露出白色的樹幹。

「今天我很輕鬆的就攻下一座百岳了。」

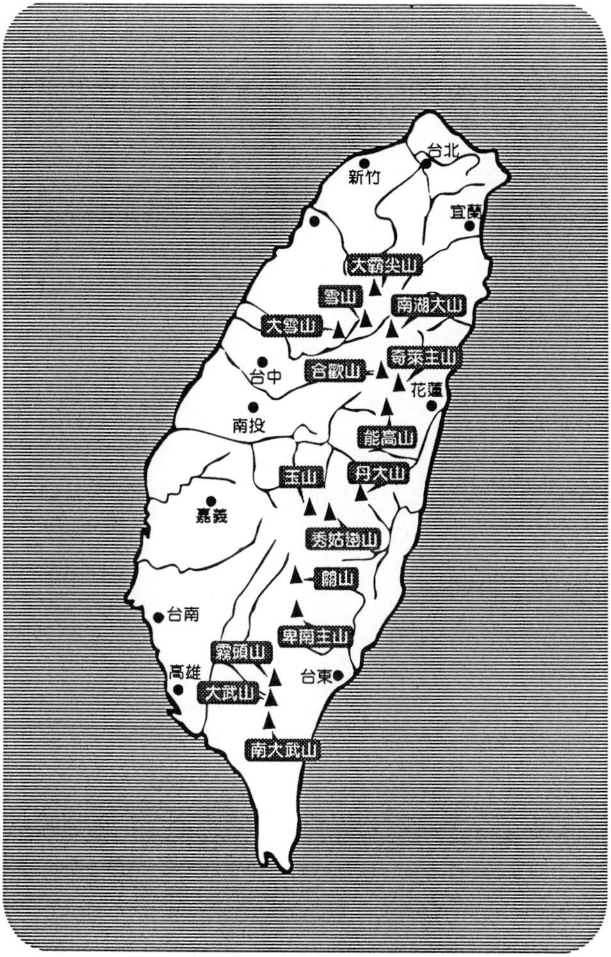
台北
新竹
宜蘭
大霸尖山
雪山
南湖大山
大雪山
奇萊主山
合歡山
台中
花蓮
南投
能高山
玉山
丹大山
嘉義
秀姑巒山
關山
台南
卑南主山
霧頭山
高雄
台東
大武山
南大武山

原住民對待山林的態度

布農族人在第一次上山的時候，就被告誡，要對山表示敬畏，尿尿時一定要蹲下來，有鳥類在身體上方飛過，得停止狩獵行為。春天是動物們繁殖的季節，是禁止打獵的；獵熊，只能在冬天進行。人類理應用和諧的方式分享自然，對自然也要心存感恩，而不是處處趕盡殺絕。

•野生動物保育法公布實施後，在原住民長期的爭取下，爲了讓原住民保有自己的狩獵文化，行政院農業委員會依據野生動物保育法施行細則第二十二條，訂定「台灣原住民基於傳統文化祭典需要獵捕野生動物管理事項」，此項條文載明申請及許可單位、獵捕地區、獵捕物種、獵捕期限以及相關處罰條例。因此，原住民在傳統祭典時可提出申請，核准後才能進行狩獵活動。

今天是布農族少年雅奇的生日，他的父親決定在這特別的日子帶他到山裡打獵。早在一個月前，作父親的已經向有關單位提出打獵的申請，也獲准入山打獵。由於這是雅奇第一次進入山林從事打獵行爲，父親愼重的請來巫師，爲雅奇舉行一個額頭祝禱儀式。巫師按著雅奇的額頭說：

「天神哪！我們即將帶領這位孩子入山打獵，他將具有超強的能力，越過玉山，並且散發月亮的光芒，他將是最勇敢的獵人，也是最慷慨的孩子。」

儀式完成後，雅奇帶著母親準備的食物以及祝福，和父親進入森林。父親在途中告訴雅奇，老祖宗將所有的智慧埋藏在山林裡，我們得走進山林，學習先人的智慧。途中，雅奇看見父親忽然蹲下來，仔細的看著泥地上的一堆顆粒式的草綠色的動物排遺，雅奇也好奇的蹲

下來。

「你看清楚沒有?這糞便是草綠色的，這表示有一隻山羌不久前經過這裡，他可能還在附近。如果糞便已經變黑了，就表示山羌已經離開很久了。」

「我們布農族人在山林中，除了矯健的身手以及驚人的體力與耐力之外，還有敏銳的感應力，森林裡極細微的變化都逃不過我們的雙眼，還有動物出沒的路線、植物的變化、辨別方位、找水源、觀測氣候的變化等等的本事，對布農族人而言，是在森林裡生存的一種本能。」

一隻不知名的鳥朝著雅奇的頭頂上方快速的飛過。雅奇心想「不妙！」因爲父親說過，上山打獵如果有鳥類從身體附近飛過，就得立即停止狩獵。果然，父親停住腳步，一臉無奈的說：

「看來我們得折返了。」

「我們不能偷偷往前走嗎？反正也沒人看見我們哪！」雅奇覺得這樣就要折返，太可惜了，這次的打獵是經過報備的呀！好不容易才走這一趟的。山上的鳥這麼多，牠們在我們頭頂上方飛來飛去是很自然的一件事啊！雅奇不甘心就這樣放棄打獵了，急忙要說服父親。

「祖先會有這樣的禁忌，有他們的道理的。」父親說著便轉身往來時路走去。

由於父親的堅持，雅奇只好跟隨父親的腳步下山去了。他忽然覺得尿急，背著父親正準備對著一棵樹撒尿，及時被父親制止：

「你怎麼老是記不住我說的話？」

雅奇趕緊蹲下來小便，雅奇記得清清楚楚的，這次他不是故意忘記，而是一時尿急就沒想那麼多了。他回

想父親說過的話：

「布農族人在第一次上山的時候，就被告誡，要對山表示敬畏，尿尿時一定要蹲下來，男生也是一樣；要喝水時，也要對溪水表現敬畏，不可以一下子就跳進溪裡玩耍；當有鳥類從身體附近飛過，得立即回頭，不能繼續打獵的行爲；春天的時候，是禁止打獵的，因爲春天是動物們繁殖的季節；獵熊，只能在冬天進行。人類與大自然是共存的關係，理應用和諧的方式分享自然，對自然也要心存感恩，而不是處處趕盡殺絕。」

雅奇提醒自己千萬別再犯了禁忌，否則父親會以爲他做任何事都這麼漫不經心的。

「早期，狩獵對布農族而言，是一種生活的方式，從布農族的狩獵文化中，我們可以感受到祖先們對待山林的謙卑的態度。現在，打獵行爲被限制了，打獵不再是生活的全部，但是我們永遠都是山的孩子。」父親說。

是啊！有哪一支民族像我們原住民這樣，敬畏山、尊重山、分享山呢？如果每一個進入山林裡的人，都能像原住民這樣敬畏山、尊重山，那麼山林的美與豐富的資源，一定能夠生生不息的繁衍下去。

「狩獵的禁忌，其實是與大自然取得平衡關係的一種默契。布農族是崇尚萬靈論的，我們相信世間萬物皆有靈，即使是一棵樹、一條河流、一塊石頭、一棵小草。」父親說。

下到平地了，這趟上山，雖然只看到山羌的排遺，但是雅奇能和父親一起上山學習對待山林的態度，他覺得心滿意足。

山的另一邊，排灣族的父親帶著兒子進入山林打

獵，傳授兒子打獵的技巧，以及講述山林和大自然的故事。

父親和兒子住在簡單的獵寮裡，發現裡面留有兩根木柴，父親拿來生火，並告訴兒子：「這是前一個獵人的好意，記住，森林裡就是一個大倉庫，我們需要多少才取用多少，這樣，森林才會永遠的供應我們的需要。在大自然裡，如果煮一頓飯需要三根如手臂粗的木柴，我們不會砍下第四根，不像平地人，會砍下很多很多的木柴，貯存在倉庫裡。」

由於獵寮裡的木柴不夠用，父親吩咐兒子砍一些木柴來。

臨走前，父親將剩餘的木柴繼續留在獵寮裡。等待下一個獵人來。

布農族部落的傳說

神話反映了早期人類對生命的好奇與幻想，以及對大自然現象獨特的解釋。布農族部落為何會散居在玉山山腳下，在以下這個神話傳說裡找到了答案。

•台灣地區的原住民族，除了布農族之外，排灣族、鄒族、阿美族、賽夏族等，也都有關於洪水的神話傳說，只是洪水的產生與消退的說法不同。

在很久很久以前，布農族人從「拉瑪岡」的水池遷到巒大社附近居住，住了幾十年之後，在一個連續下了幾個星期豪雨的深夜，幾條河水變得洶湧湍急。一條巨大的蛇從淹了水的洞穴中緩緩爬出，牠一臉痛苦與怨恨的吼叫著：

「水居然敢打攪了我的冬眠，我要以更多的水來報復這個世界。」

於是大蛇利用牠龐大的身體盤踞在河水口，堵住了水的流向，河水無法流向大海，開始向河的兩岸陸地擴散。豪雨絲毫沒有停歇的現象，漫出的河水漸漸的淹沒了大地。最後，陸地變成了海洋，只有玉山和卓社大山冒出頭來，於是人類和所有的動物都逃到玉山山頂。

由於水漫淹得太快了，也因爲走得太蒼促，人們來不及帶走日夜燃著的火把，當人類抵達山頂之後，又冷又餓之餘，才發覺根本沒有火種。

「沒有火可以取暖、照明，沒有火可以烹煮食物，我們該怎麼生活下去呢？」族人憂心的說，他們實在無法想像沒有火的日子。

「你們看哪！卓社大山上有煙冒出來，那裡一定有火。」有個眼尖的族人興奮的報告這個大發現。

果然，他們都看見那道竄向天際的濃煙。

「得有誰去那裡取回火種才行。誰去呢？」

「有誰是游泳健將？」

「我會游泳，但是這麼長的距離，我的體力恐怕無法支撐。」有人說。

大家經過一番討論之後，決定派遣了解水性、泳技又好的癩蝦蟆游到對岸去拿火種。

「沒問題，看我的。」

癩蝦蟆二話不說，撲通一聲躍進水裡，奮力的游過洪水，到達卓社大山，順利的取得火種。爲了渡過洪水，癩蝦蟆把火種含在嘴裡潛入水中，火種因爲缺乏氧氣熄滅了。癩蝦蟆再度上岸取得火種，再將火種含在嘴裡潛入水中，連試了幾次都沒有辦法，癩蝦蟆只好放棄，一身疲憊的回到玉山山頂。

族人又派出特培翁鳥及艾克鳥去取火，可是，在取得火種回來途中，火種掉進洪水裡熄滅了。人們的心隨著掉落洪水的火種，也絕望的沈入洪水裡，希望之火也跟著熄滅了。

「難道我們就這樣被困死在玉山山頂嗎？」族人再度跌入絕望的深淵。

這時候，有一隻叫做「海皮斯」的鳥說話：

「讓我試試吧！我願意飛過去拿火種。」

•在布農族部落裡，是嚴禁食用或捉弄癩蝦蟆的，否則會受到天譴。如果執意玩弄癩蝦蟆，或不愼將牠打死，天看見了，會下雨打雷，而玩弄者將遭到雷擊。

族人再度燃起希望，在衆人的目送下，海皮斯鳥順利的飛越洪水到卓社大山，牠用嘴啣著火種，幾度差點因爲火種的灼燒而放棄，火種也差點被濺起的水花澆熄了，多虧海皮斯鳥的堅持最後一秒鐘，平安的啣回火種。人類有了火種可以燒柴禦寒、烹煮食物，才得以在玉山山頂上生存下來。

洪水久久不退，族人們帶出來的食物逐漸吃光了，他們開始捕捉同樣逃到玉山山頂的動物，爲了讓動物們能正常的繁殖下一代，使食物不虞匱乏，部落裡訂出了規矩，只能捕捉成熟的肥的動物，留下幼小的以及懷孕的動物。因爲，沒有人知道洪水要多久才會消退，如果不讓動物們孕育下一代，這批人很快就會餓死在山頭的。

海皮斯鳥爲了啣火種，把原本黑色的長喙燙成了紅

色。布農族人爲了感謝海皮斯鳥的幫助，規定日後打獵不准射殺海皮斯鳥，也不可以模仿牠的叫聲，否則海皮斯鳥會啣來火種燒了你的住家。

有一天，來了一隻巨大的螃蟹，牠看不慣巨蛇的蠻橫霸道，於是想用牠的大螯把巨蛇趕走，巨蛇張開大嘴，卻咬不動螃蟹堅硬的甲殼，只在螃蟹的背上留下一道凹凹的齒痕。奈何不了螃蟹的巨蛇，只好用長長的身軀將螃蟹緊緊纏住。巨蛇與大螃蟹不眠不休的整整纏鬥了三天三夜，仍然不見勝負。

後來，螃蟹終於努力的將一隻大螯給掙脫出來，狠狠的用大螯夾住巨蛇的身體，巨蛇疼痛難耐，漸漸處於劣勢，終於被螃蟹的大螯給剪成了兩節。大蛇死了以後，河水開始流向大海，山谷、平原、陸地漸漸恢復原來的模樣，動物們紛紛逃到森林各處，布農族人於是就在玉山的山腳下，重新建立自己的家園。

人們回到巒大社靠河的一邊居住，耕地則逐漸擴展到河的對岸。有一次小米收成時，部分村民渡河到對岸去收割，卻遇到河水暴漲而滯留在對岸。村裡的人就和對岸的人約好，等收割小米的祭儀做完，會在頭目的屋頂上掛上紅布，對岸的族人看見紅布後才能煮新的小米吃。但是對岸的族人並沒有遵守約定，他們在紅布掛出來之前，就將剛收成的新的小米下鍋了。

沒多久，部落裡接連死了好多人。頭目認爲這是對岸族人不遵守傳統規定，觸怒了祖靈引起的災厄，只好將剩下的人分成巒社群、卡社群、丹社群、郡社群及蘭社群五個族群。除了巒社群人留在原地外，其餘各族群都向玉山北方遷移，然後在濁水溪上游各支流，如郡大溪、丹大溪、巒大溪流域的山區定居下來。

• 小米是布農族最主要的糧食，所以關於小米的祭儀很多，在小米播種前、撒播小米的時候、小米即將收成前、收割小米的時候、小米收穫時、小米進倉等等，會請來部落裡的長老或巫師，舉行儀式，以祈祝小米豐收。

後來，卡社群裡有一對兄弟因爲意見不合，造成感情決裂，於是卓社群就從卡社群中分出來。所以布農族一共有六個社群。

半屏山傳奇

半屏山位於高雄左營蓮池潭的北邊，與龜山隔潭對峙，高度約海拔二百四十公尺，整座山向東面傾斜，西面則是斷崖絕壁，遠遠看去宛如一個大屏風，奇特的山形，是高雄的一個標誌。

•半屏山是台灣南部重要的水泥工業的礦源地，礦區石灰石儲量三千萬公噸，一九九七年七月十日採礦權到期了，經濟部決定不再展延礦期，半屏山將逐步恢復生機。

如果你從南往北進入高雄市區，到達左營區蓮池潭附近的時候，可以很清楚的看見一座被削去一半的山，那座山的東邊是一片翠綠的山丘，西邊則光禿禿的裸露著灰樸樸的石灰岩，並且呈九十度縱切面，就像是誰拿了把大刀當頭劈下一般，形成一個斷崖絕壁，遠遠看去宛如一個大屛風，因此有人爲這座山取名爲半屛山。

半屛山以前叫什麼名字，沒人記得了，就連他自己也不記得了。半屛山怪異的長相，常常惹得路過的人一番指點，他一點也不在意，因爲他知道這是他咎由自取的後果。

很多年很多年以前，他不是這副模樣的，那時候他高聳挺拔，不可一世，常常自詡爲台灣最高峰。經常尖酸刻薄的諷刺周圍的小山：

「你們這些小個兒，什麼時候才能長得像我這般高大英挺，我看這輩子都別想了吧！

「駱駝山哪！你一定不知道世界長什麼樣子吧！眞是可憐喔！世界是很遼闊的，你看，雲霧裊繞於群峰之間，千變萬化的美景，讓人目不暇給，壯闊的景象是屬於我們這種高山的。你們這種矮冬瓜，就是沒有這個福分喔！」

駱駝山自卑的低下頭來。附近的小山都很討厭半屏山，可是對他囂張的個性一點辦法也沒有。

「眞是氣死人了，駱駝山，我們別理他，你看你的山峰多美，有多少昆蟲、植物和鳥類依附著你生存，每一座山都很重要的。」壽山氣極了。

「我當誰在說話咧！找了半天工夫，原來是壽山小老弟呀！你還眞是個超級小個兒，今天仔細一看，才知道原來你只有豆苗般大。喲！個兒小嗓門倒挺大的。」

•壽山，以前稱爲打狗山。屹立於高雄西邊濱海，瀕臨台灣海峽，南北長約五點五公里，東西寬約二點五公里，海拔三百五十六公尺，是高雄的天然屏障，擁有極高歷史價值的貝塚遺跡，以及三億三千萬年以前的化石植物——松葉蕨。是一處珍貴的天然森林。

壽山不甘示弱的說：「你看得高，看得遠，可是你聽得見溪流美妙的歌聲嗎？」

半屏山不再理會壽山，他仰著頭，儘量拉長脖子，扯著嗓門遠遠的朝著玉山喊著：

「玉山兄啊！我比你高出十公分，是全台灣最高的山，你服不服氣呀！」

玉山轉頭瞧了半屏山一眼，不願搭理他，繼續閉目養神。他對於半屏山這傢伙每天都要這樣叫囂幾回，實在感到厭煩，難道誰比較高，用口頭說說就算數了嗎？「哼，幼稚！」

「什麼？你說我幼稚？」半屏山氣惱的說。看見玉山一點反應也沒有，半屏山愈是生氣。「我要跟你比高，我要叫你輸得心服口服。」

玉山依然動也不動一下。

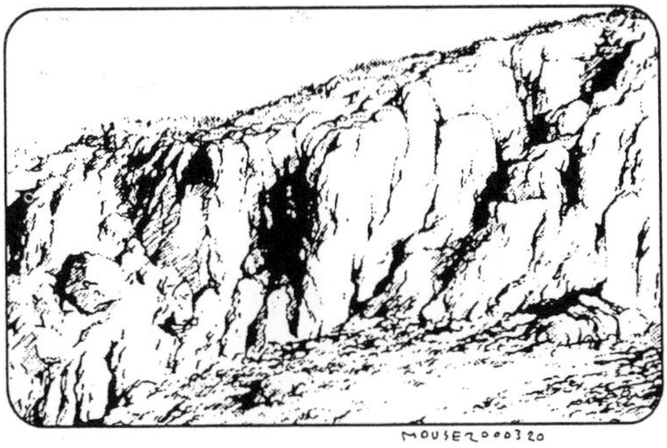

「怎麼？講到比高，你就害怕啦！膽小鬼。像我這樣有膽識的山才夠資格稱爲台灣第一高山。」

「你這個狂妄自大的傢伙，你要比我就跟你比。你說要怎麼個比法？」玉山氣不過半屏山老是在挑釁，比一比，讓他知道誰才是台灣第一高峰，也許他就能閉上那張煩人的嘴巴了。

「怎麼比呀！讓我想想。」半屏山沈思起來。半屏山原以爲沈熟穩重的玉山不會答應比高的，沒想到他居然答應了。眞要比下去，就糟了！不管啦！先鬧他個雞犬不寧再說吧！

半屏山清了清喉嚨後說：「我想到一個好法子了，我們把全台灣的猴子都找來，讓他們在兩座山前一隻隻的疊羅漢，一直疊到山頂，然後數數猴子的數量就知道誰高了。」

「這不公平，猴子有高有矮、有胖有瘦，差之毫釐就失之千里了，這方法不好。何況最底下的猴子支撐不了多久的。」壽山說。壽山上的猴子最多了，非常了解猴子的壽山覺得不妥。

「我們蒐集樹藤編成兩條一樣長的繩索，從平地拉到山頂，就知道誰比較高啦！」駱駝山說。

「這個方法不好啦！」半屏山不喜歡這個方法，極力阻擾。

「你倒說說看爲什麼不好？」壽山提出質疑。

「反正我就是覺得不好，我不贊成用這個辦法。」半屏山說。

「我覺得這是個好方法。」玉山說。

「半屏山哪！我看你不是不喜歡，是因爲你知道自己比不過玉山，所以開始害怕了，是不是？」壽山彷彿看穿了半屏山的心思。

半屏山挺挺胸膛，故意放大音量說：「怕！我有什麼好怕的？我是怕你們萬一輸了難看。比就比，誰怕誰。」

森林裡的動物全都動員起來，因爲他們也想知道誰才是眞正的台灣第一高峰。樹藤經過了七天七夜的蒐集處理，終於編好了兩條一樣長度的繩索，由兩隻老鷹負責從平地銜到山頂。

結果，玉山整整高出半屏山兩百公尺。

「我抗議，有人作弊，有人作弊，有人在我的繩索上動手腳。」半屏山氣急敗壞的說。

負責編織繩索的猴子們一再的證實繩索一樣長，這是公平的測量。爲了取信半屏山，動物們又重新測量了一次，結果還是玉山比較高。

半屏山惱羞成怒的搖擺起身體，一時間天搖地動，森林裡的動物們驚慌的到處奔竄。

玉山眼看半屏山因爲失去了面子而大發雷霆，已經危害到森林動物們的安全了，他趕緊請天神出來，做公平的判斷。半屏山看見天神，便停止擺動身體。

「天神哪！你是最公正的神，你一定看見這是場不公正的比賽。你一定要爲我作主，替我討回公道。」

「半屏山哪！我看得一清二楚，這是公平又公正的比賽，你應該輸得心服口服才對。」天神說。

「撇開這場比賽不說，你認爲誰才是台灣第一高峰？」

「我的目測法一向很準，玉山才是台灣第一高峰。半屏山哪！是不是第一高峰並不重要……。」

天神試著說服半屏山，名次一點都不重要，重要的是山所提供給森林裡的動、植物以及人類的貢獻。但是，半屏山一句話也聽不進去，他更用力的擺動自己的身體，石塊崩落了，大樹倒塌了，動物們在驚慌中受傷了。

「天神哪！你原來也是個老眼昏花、不辨是非的人，我要一直搖晃震動山林，一直到你重新宣布我是台灣第一高峰爲止。」

天神看見呈現瘋狂狀態的半屏山，就要造成更大的死傷了，他高舉雙手，召來一把大刀，用力一揮，硬生生的將半屏山攔腰切下，切成二百四十公尺高的小山，再一刀，把半屏山從上往下剖成一半。

「半屏山，這是給你的教訓，希望你能從這個教訓當中學會什麼是謙虛。」天神丟下這句話後，消失在雲端。

半屏山的西邊變成一片光禿禿的泥牆，後來台灣人發現那原來是一個水泥礦區，便開始開挖，製造成水泥。半屏山經過幾十年的摧殘，更顯得憔悴了，充滿苦難的歲月，把半屏山的銳氣與傲氣磨得精光，他開始變得謙虛了。

停止採礦後的半屏山，正處於休養生息的階段，他是無法恢復以往的高俊挺拔，但是，他可以恢復以往滿山的翠綠，人們將更樂於親近他。

山林的劫難

台灣的森林濫伐、濫墾嚴重，森林是山脈禦寒的衣裳，有吸附雨水、防止土壤流失的功能，褪去了這層保暖的衣物，山脈會傷風感冒，再不治療，引發重症，造成水災、土石流等等災難，將對人類的生活環境造成重大的威脅。

•根據台灣省林業試驗所統計顯示，台灣國有林區自民國五十二年至八十年間，總共發生七百三十八次火災，其中只有三次是自然因素造成，其餘都是人爲縱火造成的。

場景一：玉山國家公園

民國八十二年一月六日上午，玉山塔塔加鞍部附近的山林，毫無聲息的竄出了濃濃黑煙，時值冬季，寒風蕭瑟，稀稀落落的遊客受不了天寒，紛紛躲進遊客中心觀看影片，沒有人注意到森林裡有一個囂張跋扈的魔鬼，正一口一口的啜飲綠林的血液。濃濃的黑煙漸漸壯大了聲勢，變成一根大黑柱子竄向天空。魔鬼在森林裡狂笑。

一個解說員無意識的往窗外看去，映入眼簾的景象，讓他的一顆心緊緊的揪在一起，他嚇得趕緊向長官報告：

「塔塔加附近的山林著火了。」

長官立即召集所有的人員帶著滅火器趕到起火現

場。到了現場一看，所有人的心立即沈沈的往下墜，他們知道這下事情嚴重了，因爲這火，已經不是幾支滅火器所能撲滅的了。

此時，濃煙已經瀰漫天空，熊熊火光映照著天空，火苗迅速的向四面八方擴張領土。林務局與玉山國家公園管理處，十萬火急的調來一、二百名熟悉附近山區的原住民，以及有經驗的工作人員，全力投入救火的工作。

起火點正好是林務局在民國六十五年栽種的台灣二葉松與華山松，這兩種植物正巧又是台灣山區最易燃的樹種。冬天乾燥的氣候以及強勁的東北季風，助長了火的囂張，烈火露出猙獰的面目，大口大口的呑噬這片剛長成不久的林地。不久之後，大火就延燒到麟趾山口附近的松林，到了晚上，火勢已經燒到玉山登山口附近。

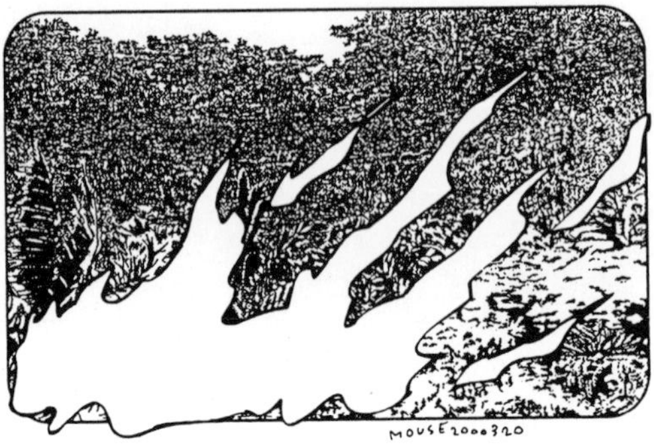

樹林不斷的發出嗶嗶啵啵的哀嚎聲。

山林陷入一片火海之中，遭到大火紋身的樹林變成一片焦黑。

一百多人，雖然日夜不停的進行救火的行動，但是，二百多公頃的林地及草生地，仍然斷送在這場大火中。

被燒燬的植物種類主要是台灣二葉松、高山芒、玉山箭竹。經過大火肆虐後的山林，千瘡百孔，有關單位正紛紛檢討如何防範以及緊急救援的種種措施時，距離上次火災相隔了十九天，也就是一月二十五日，玉山國家公園範圍內八通關前山，又竄出火苗，經過四天的撲救，火勢被控制了，但是八十公頃的林地就在短短幾天之內付之一炬。

幾個月之後，覆蓋著灰燼的泥地裡，有一株嫩綠的小草冒出頭來，漸漸的，這片焦黑的土地，經過幾個月來的休養生息，開始長出了翠綠的精靈，小小的花朵再度綻放，給它機會與時間，也許幾十年以後，山林將慢慢的恢復原貌與生氣。

場景二：山林違建

車陣在狹窄的山徑上綿延了幾公里，以時速十到二十公里緩慢的推進。

「唉！早知道這樣，就不來了，再塞下去，假期就去掉三分之一了。回家看電視好了。」父親坐在駕駛座上頻頻打著呵欠。

「飯店都訂了，回頭也不是最好的辦法。」媽媽心疼已經交出去的訂金。

小豐一家三口早在三個禮拜前，就決定要到這個遊樂區度過四天的連續假期，小豐很期待這個假期的，因為他已經很久沒到山上走走接近大自然了。

「沒關係啦！再忍耐一下，我們就可以很舒服的在樹林裡做森林浴了。」小豐也不希望好好的假期因為塞車泡湯了。

前面那部車搖下車窗，伸出一隻手，將一袋裝滿垃圾的塑膠袋，扔出去，小豐的視線隨著垃圾袋呈拋物線狀跌進叢林裡。他正想開口指責前車缺乏公德心時，聽到媽媽生氣的罵道：

「太沒品了。」

「唉！我經常在想，到底該用什麼方式，才能讓他們了解，他剛剛扔出去的那包垃圾，不僅危害森林，也影響他的兒子、孫子以及後代子子孫孫生存的環境！」父親一臉憤慨的說。

・民國五十六年以後，森林遊樂區逐漸被重視，喜愛森林遊憩的人口愈來愈多。民國七十年政府大力提倡觀光旅遊，便把森林遊樂區列爲重要施政項目之一。本省國有林森林遊樂區，自民國五十年起陸續發展以來，已有包括奧萬大森林遊樂區、溪頭森林遊樂區、惠蓀森林遊樂區、阿里山森林遊樂區、藤枝森林遊樂區等二十處。

小豐看著路旁的垃圾擔心的說：「我長大以後，山林可能就被垃圾淹沒了。」

終於來到飯店了，可是他們一家三口卻呆呆的愣在停車場，不知所措。他們今晚要住的這間飯店，就蓋在傾斜了約五、六十度的山坡上。很明顯的這是一間大違建，因爲政府絕對不會允許這樣一棟樓房蓋在這裡的。不說它是個大違建，就說它開發了這個地方，對山林就已經造成很大的傷害了。

「看來，我們得改變計畫了，你們覺得如何？」父親說。

小豐也堅決的點點頭，今晚如果眞的住進去，就等於贊同這些不法業者對山林的破壞。「我們應該抵制這些人。森林遊樂區是很好的休閒場所，可是，卻沒有好好的規畫、管理遊樂區周邊的建設，才會寵壞這樣的大

違建。」

媽媽也贊成回頭，因爲損失訂金事小，有個「萬一」就糟糕了。

一家人決定回頭，沿路看看有什麼景點再下來玩好了。

「你們知道嗎？民國七十八年，林務局終於宣布停止伐木了。許多的環保人士都感到欣慰，以爲森林終於可以喘口氣了。沒想到，人類對森林的破壞是永無止境的。」父親淡然的說。

一家人調轉車頭，往來時路駛去。到了叉路口，他們選擇右邊的道路，繼續往上行駛。山坡上一大片的高麗菜映入眼簾，許多遊客正在採買。

「哇！這麼高的山上也可以種高麗菜耶！」小豐叫了出來。

「這種山坡地按理說實在是不能種這種高冷蔬菜。你想想看，開墾山坡地，造成土層鬆動，這些蔬菜和檳榔、茶樹一樣，根本無法固守住土壤。另外，這些農作物需要施肥、噴灑農藥，當下起大雨的時候，雨水就沖刷這些已經受到化學農藥污染的表面土層，帶進河川，造成河床淤積，使得水庫容水量愈來愈少，造成排水不良的狀況。」父親語帶感嘆的說。「他們享受高經濟利益，可是卻把水土流失、河川污染所造成的後果，讓全國的人民來承擔。」

聽完父親的說明，小豐一臉憤慨的說：「爸爸，我們可以做什麼？我們要怎麼做才能阻止他們這種行爲？」

「拒絕購買是消極的作法。回家以後，你可以寫一篇關於台灣山林現況的報導，然後投到報社去，引起有

•台灣山地林野遼闊，山林地面積占本島面積百分之五十二。所以說，森林是台灣的命脈。但是，近十年來，台灣的生態環境產生了很大的變化，除了過度狩獵破壞自然生態外，也因爲發展農業而過度開闢農業用地，破壞農業生態體系。包括菜園、茶園、果園等等，占據了台灣大部分棲地，許多農產品雖然爲台灣賺取了外匯，提升了台灣人民的生活品質，卻也讓台灣的環境，陷入萬劫不復的困境。

關當局的注意與重視，或者在學校裡引起討論，這都是不錯的方法。」

「森林是山脈禦寒的衣裳，有吸附雨水、防止土壤流失的功能，褪去了這層保暖的衣物，山脈會傷風感冒，再不治療，引發重症，造成水災、土石流等等災難，將對人類的生活環境造成重大的威脅。」父親下了最後結論。

小豐搖下車窗，看著不斷倒退的綠色景物，這片山林就像是一本大存摺，是所有台灣人共同擁有的，不管是老年、青年、少年、小朋友，甚至是尚未出生的下一代幼兒，他們都有權力提領存在存摺裡的物品。可是，總是有很多自私又貪心的人，一次領出好多好多的東西，都沒想到要留一點什麼給後代還沒有出生的子子孫孫。

小豐不免擔心起來，以後我的孩子以及孫子還能保有什麼？

場景三：城市近郊的山坡地

我是一台怪手，我今天的任務是要剷平這片山坡地，聽說是一個財團要蓋一個規模很大的社區。

以前，我通常是在平地工作，但是近十年來，已經從平地漸漸爬上低海拔的丘陵地，因爲，現在城市的人口呈現爆滿的現象，所以建商看好這些依山傍水，離市區又近的郊山，一棟棟的樓房陸陸續續的挺立在有點陡峭的山坡上。

我只是一部機器怪手，主人坐上駕駛座，叫我往東我就往東，叫我下溪谷，我就下溪谷。

你知道嗎？不久前我在山坡地上執行任務的時候，

我聽到土地嘆息的聲音，這幾天，我又聽見土地憤怒的聲音，不是危言聳聽，我覺得大自然悄悄的醞釀著他的怒氣，不知道什麼時候會爆發開來。

這些年，人口過度膨脹，山坡地不斷的被變更爲建地，然後過度開發，新社區一個個在山上建立起來，鋼筋水泥建築緊緊的箝住了山坡地，是很令人擔憂的事情。以我當怪手這麼多年的經驗，我知道山坡地的土層很薄，土層下就是基岩層，房子如果建築在脆弱的岩層或上下傾斜的岩層上頭，那麼，這棟建築物的安全性就大大的打了折扣了。

有了新社區，當然要有路才行，幾條道路穿越山腹，方便了這些社區的往來，也破壞了整片山坡地的地質結構。土質被破壞，後果是很嚴重的，也許只要一個颱風、一場大豪雨……，我眞的挺擔心的，但是我只是一部怪手，只能繼續執行任務。

果然，我擔心的事終於發生了。一個颱風夜，距離我工作的山坡地不遠的一個新社區，被夾雜著石塊的滔滔奔騰的土石流衝垮了，樓房倒塌，壓死了來不及逃出的住民……，一夕之間，風雲變色，多少幸福的家庭，多少人一生努力的心血，都埋葬在土石堆裡了。

下著豪雨的深夜，我被徵召下來，幫著挖掘土塊，我的心情異常的沈重，想當初，這片社區完成之前，也是我整的地呀！如今，卻又為自己當初闖下的禍收拾殘局，多麼諷刺啊！

工地停工了，因為，建商老闆為了避開這次的風頭，對外宣布停工。我的主人帶著我，做了幾件修路的工作。我以為以後再也不必從事開挖山坡地這樣的工作了，心裡著實高興了一陣子。可是，一年以後，主人又帶著我回到這片荒廢了一年，到處長滿了雜草的山坡地。

在原本翠綠的山坡地，蓋上了房子，土地就永遠失去機會了。

九二一集集大地震

民國八十八年九月二十一日凌晨一點四十七分，台灣發生了百年來的最大地震，造成二千多人死亡，逾萬棟房屋倒塌，台灣中部山林的地形地貌發生了巨大的變動，生活在森林中的野生動物也經歷了一場大浩劫。

「凌晨一點四十分，台灣的夜沈睡著，有人正做著夢，有人醒著，也有人挑燈夜戰埋首苦讀，或者剛接下夜班的工作。這個夜依然和以往的每個夜一樣，按照自然定律和白晝進行交替。

凌晨一點四十七分，一陣天搖地動驚醒了所有的人，縱貫南北幾乎所有的人都帶著驚懼的口吻異口同聲的喊出：『地震！』

有人倉惶的逃出，有人連逃的念頭都來不及想，就被埋在崩塌的建築物裡。夜的黑助長了地底巨蟒的威力，巨蟒努力的扭動想鑽出地面，將路面硬生生被撕裂拱起，凸起一座小山丘，橋樑斷了，許多結構不良的建築，在一陣搖晃後，如積木般應聲倒地。

山間不斷傳來轟隆巨響，在黑夜裡聽來讓人感覺驚心動魄，是那裡爆炸還是怎麼了？南投、台中等地的居

民在躲過地震驚悸猶存的同時，還得擔心為那些轟隆巨響感到憂心。

九十九尖峰（九九峰）又稱為雙冬火炎山，位於烏溪北岸、台中縣與南投縣交界的地方，原是翠綠連綿的山頭，一夕之間，變了容顏，一座座尖挺的峰頂全禿了頭，灰樸樸的裸露著土壤和岩石。

位於九九峰東南方的九份二山，則整片山坡滑落，超過六百萬立方公尺的土石崩落，將澀仔溪谷完全填平。阻斷了溪流，形成多處新的水潭與湖泊。

中橫公路谷關青山段消失了，其餘的道路也柔腸寸斷，山壁崩塌，道路盡是落石，沿線綺麗迷人的風景，淹沒在漫天的塵沙當中。台灣中部山林的地形地貌發生了巨大的變動，生活在森林中的野生動物也經歷了一場大浩劫。

•九二一集集大地震共造成二千三百二十一人死亡，三十九人失蹤，八千七百二十二人受傷，房屋倒塌逾萬棟，為台灣近百年以來最大的地震。

收音機不斷的播報著地震的消息：根據中央氣象局地震報告指出，九二一集集大地震震央在日月潭西方十二點五公里的地方，規模達到芮氏地震規模的七點三級……」

李小妍闔起作文簿，關於地震的作文就暫時寫到這裡吧！她閉上眼睛休息，腦海裡不斷的浮起災難現場的畫面，地震真是可怕，在人類毫無防備的情況下進行殘酷的襲擊，造成屋毀人亡。這次雖然中永和地區沒有受到地震的傷害，可是，難保下一個地震震央不會出現在這裡?李小妍憂心忡忡的走到客廳，媽媽正在讀報紙。

「媽，地震到底可不可以像颱風一樣用科學儀器預先檢測？」

媽媽收起報紙：「目前的科技對於地震何時將發生

是無能為力的，因為我們不知道斷層何時會斷裂。」

「什麼是斷層呢？」

「地震的原因最主要是地殼板塊的推擠，而地震發生的地點則在斷層上。地表示由不同性質的岩石一層層相疊而成，這些岩層斷裂的地方就叫做斷層。」媽媽從抽屜裡拿出一支長尺，她把長尺彎折起來：「妳看，就像這支尺一樣，當尺承受不了這個彎折的壓力之後就會折斷。岩層受到不同方向的力量推擠或拉扯，會先扭曲變形，接著就會斷裂，斷裂的那一剎那，地震就產生了。」

「所有的地震都是斷層造成的嗎？」小妍又問。

「是的，這次集集大地震的元凶就是車籠埔斷層，我們很難確切知道斷層的位置以及它的活動狀態，地質學家目前也只能以歷史的紀錄來推測斷層可能的活

•台灣地區所使用的地震震度標準，共分為以下七個級數：

第零級：無感地震，只有儀器觀測得到，人體無感覺。

第一級：微震，人靜止時或對地震敏感者可以感覺得到。

第二級：輕震，門窗輕搖，一般人均可感覺到。

第三級：弱震，房屋搖動，門窗格格作響，懸物搖擺，盛水動盪。

（接下頁）

動。」媽媽說。「台灣位於歐亞大陸板塊與菲律賓板塊的交界處，地震頻繁，每年約有八千多次的地震，但是，通常只有一次會造成傷害。因為大部份的地震都發生在海底，所以災害比較少。」

「難道我們就這樣束手無策的等著下一個地震來嗎？」小妍憂慮的說。

「當然不是這樣。與其每天都在擔心害怕，不如真正做好防震措施，將損失減到最低。」

「對呀！中央研究院院長李遠哲不是說過：『天災不會降臨在有準備的人身上。』」

和媽媽一席話談下來，小妍似乎安心了許多，她回到房間繼續她未完成的作文：「十月二十二日上午十點十九分，嘉義民雄地區發生了規模六點四的地震，共造成二五四人輕重傷，五十餘棟房屋倒塌，幸運的是，這

（接上頁）

第四級：中震，房屋搖動強烈，不穩物傾倒，盛水容器八分滿者溢出。

第五級：強震，牆壁龜裂，煙囪牌坊傾倒。

第六級：烈震，房屋傾倒、山崩地裂、橋樑斷落、地層下陷，引起火災。

次地震並未造成任何死亡事件。

四百萬年前，也是因爲地震的關係，歐亞大陸和菲律賓海板塊這兩個板塊互相撞擊下，才讓台灣這個小島隆出海面，因此，沒有地震就沒有台灣，所以，地震雖然可怕，只要我們去認識它並且防備它，依然可以躲過地震造成的災難的。

•根據中央地質調查所公佈的資料，台灣現在共有五十一條活動斷層。

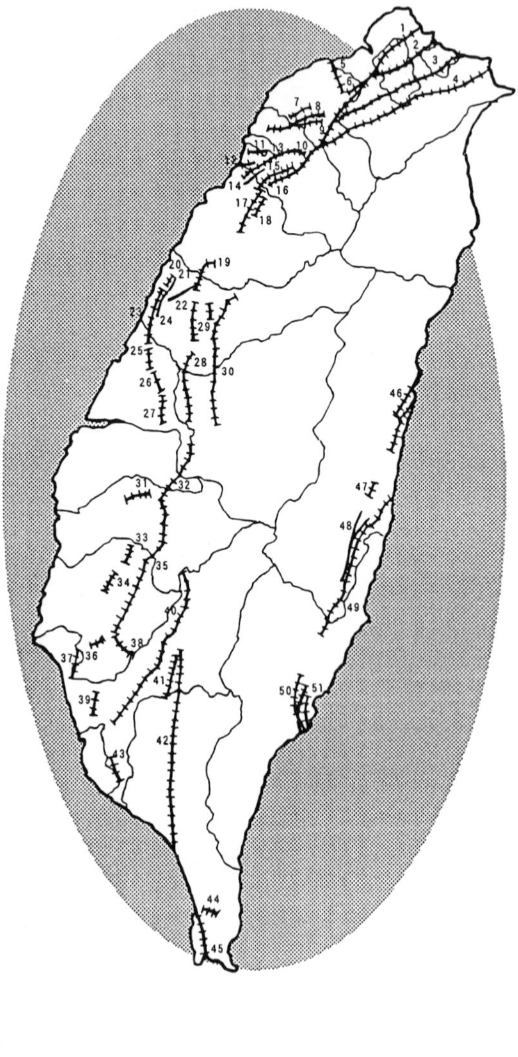

1.金山斷層
2.崁腳斷層
3.台北斷層
4.新店斷層
5.南崁斷層
6.楓樹坑斷層
7.雙連坡斷層
8.楊梅北斷層
9.楊梅南斷層
10.大坪地斷層
11.新竹斷層
12.香山斷層
13.新城斷層
14.柑子崎斷層
15.竹東斷層
16.斗煥坪斷層
17.獅潭斷層
18.神卓山斷層
19.三義斷層
20.大甲斷層
21.大甲東斷層
22.屯子腳斷層
23.清水斷層
24.橫山斷層
25.彰化斷層
26.員林斷層
27.田中斷層
28.車籠埔斷層
29.新社斷層
30.大茅埔~雙多斷層
31.梅山斷層
32.大尖山斷層
33.木屐寮斷層
34.六甲斷層
35.觸口斷層
36.新化斷層
37.後甲里斷層
38.左鎮斷層
39.小岡山斷層
40.旗山斷層
41.六龜斷層
42.潮州斷層
43.鳳山斷層
44.大梅斷層
45.恆春斷層
46.美崙斷層
47.奇美斷層
48.玉里斷層
49.池上斷層
50.鹿野斷層
51.利吉斷層

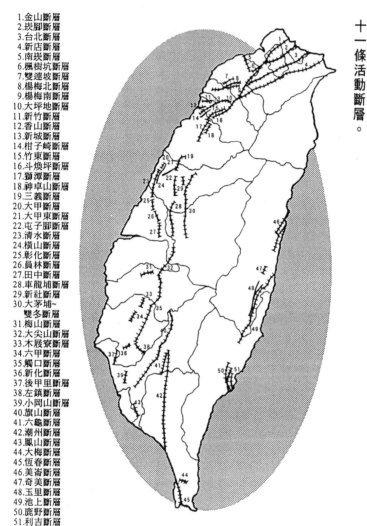

台灣風土系列⑩

山脈的故事

2000年8月初版　　定價：新臺幣單冊160元
2007年11月初版第六刷　　新臺幣一套10冊1800元

審　　訂　施志汶
著　　者　張友漁
發 行 人　林載爵

出 版 者　聯經出版事業股份有限公司
台北市忠孝東路四段555號
台北發行所地址：台北縣汐止市大同路一段367號
電話：(02)26418661
台北忠孝門市地址：台北市忠孝東路四段561號1-2F
電話：(02)27683708
台北新生門市地址：台北市新生南路三段94號
電話：(02)23620308
台中門市地址：台中市健行路321號
台中分公司電話：(04)22312023
高雄門市地址：高雄市成功一路363號
電話：(07)2412802
郵政劃撥帳戶第0100559-3號
郵撥電話：26418662
印 刷 者　世和印製企業有限公司

責任編輯　黃惠鈴
封面設計　劉茂添

行政院新聞局出版事業登記證局版臺業字第0130號

本書如有缺頁，破損，倒裝請寄回發行所更換。
ISBN 978-957-08-2114-7(平裝)
聯經網址 http://www.linkingbooks.com.tw
信箱 e-mail:linking@udngroup.com

國家圖書館出版品預行編目資料

山脈的故事 / 張友漁著 .
--初版 . --臺北市：聯經，2000年
168面；14.8×21公分 . (台灣風土系列；10)
ISBN 978-957-08-2114-7(平裝)
〔2007年11月初版第六刷〕

1.山岳-台灣-青少年文學
2.台灣-青少年文學

673.2 89010209

親子系列

教養子女妙招118	桂文亞主編
關心我們的孩子	唐媽媽著
親子數學	馬文璧・ 文庭澍譯
親子妙法50招	施美惠著
陪孩子上幼稚園	何采嬪著
陪孩子上小學	曾文錄等著
陪孩子上國中	康雪卿著
老爸日記	王天戈著
晚安故事365（二冊不分售）	鄭明進等著
陪孩子快樂成長	吳京口述 楊蕙菁整理
親子XYZ	邢維禮著
女生來做數學	梁崇惠、 楊翠勤合譯
親師交流道	聯合報家庭 婦女版輯
101個數學問題	梁崇惠、 楊翠勤合譯
親子ABC	吳湘文著
親子作文	林月娥著
學習型家庭	韋淑娟著

校園檔案

夫子列傳	單小琳著
老師家長聯合出招	單小琳主編
一個老師的真心話	單小琳著
大專女生上成功嶺	張麗君等著
常態編班怎麼辦	吳京、單小琳等著
老師家長別生氣	單小琳主編
如何指導孩子撰寫專題報告	鄧運林主編
嬌嬌兒入學	蘇月英著
班級經營有一套	林月娥著
日本小學教育	洪伯昌譯
遊戲學習：大地遊戲DIY	吳望如著
如何考上國小老師	單小琳、黃琴文編著

聯副文叢系列

(1)鹽田兒女	蔡素芬著
(2)邊陲的燈火	楊蔚齡著
(3)散文的創造(上)	瘂弦主編
(4)散文的創造(下)	瘂弦主編
(5)飛翔之光——聯合報文學獎1994卷	瘂弦主編
(6)人生是一條不歸路	王邦雄著
(7)紅顏男子	李岳華著
(8)天下第一村幹事	陳介山著
(9)未來世界	王小波著
(10)讓高牆倒下吧	李家同著
(11)新極短篇——全民寫作(一)	陳義芝主編
(12)我寫故我在——聯合報文學獎一九九五卷	瘂弦主編
(13)陳瑞獻寓言	陳瑞獻著
(14)膜	紀大偉著
(15)每個人都有大智慧	趙衛民編
(16)站在巨人肩上	瘂弦、陳義芝編
(17)扶桑	瘂弦主編
(18)真女人紀事	陳義芝、黃秀慧編
(19)新極短篇——全民寫作(二)	黃秀慧主編
(20)美麗新世界——聯合報文學獎一九九六卷	瘂弦主編
(21)雙身	董啟章著
(22)眾神的花園	瘂弦主編
(23)大漠魂	郭雪波著
(24)人生散步	瘂弦主編
(25)向時間下戰帖——聯合報文學獎一九九七卷	陳義芝編
(26)陌生人	李家同著
(27)橄欖樹	蔡素芬著
(28)閱讀之旅（上卷）	陳義芝編
(29)閱讀之旅（下卷）	陳義芝編
(30)智慧100	聖嚴法師著
(31)人與海：台灣海洋環境	賈福相著
(32)迴旋	張讓著
(33)默	杜修蘭著
(34)沉雪	李晶、李盈著

(35)台灣現代小說史綜論	陳義芝主編
(36)華年放異采——聯合報文學獎一九九八卷	陳義芝主編
(37)一個人的聖經	高行健著
(38)看海的人	賈福相著
(39)台灣文學經典研討會論文集	陳義芝編
(40)惡寒：第廿屆聯合報文學獎中篇小說評審獎	張惠菁著
(41)金色海灘：第廿屆聯合報文學獎中篇小說評審獎	樊小玉著
(42)新的寫作時代——聯合報文學獎一九九九卷	陳義芝編
(43)消失的海岸	孫寶年編
(44)二十世紀文學紀事	鄭樹森編著

當代名家系列

白水湖春夢	蕭麗紅著
千江有水千江月(長篇小說)	蕭麗紅著
不歸路(中篇小說)	廖輝英著
殺夫(中篇小說)	李　昂著
桂花巷(長篇小說)	蕭麗紅著
法網邊緣	黃喬生譯
狂戀大提琴	利莎等譯
海灘	楊威譯
台北車站	蔡素芬著
回首碧雪情	潘寧東著
臥虎藏龍	薛興國改寫

保健叢書

(1)就醫經驗談(一)	李師鄭編
(3)就醫經驗談(二)	李師鄭編
(4)寶寶發燒怎麼辦	王英明著
(6)診療室雜記	王英明著
(7)寶寶生病怎麼辦(一)	王英明著
(8)百病經驗談	李師鄭編
(9)男女之間(一)	穆基編著
(10)男女之間(二)	穆基編著
(11)男女之間(三)	穆基編著
(12)男女之間(四)	穆基編著
(13)皮膚與美容	黃美月著
(15)百病訪名醫(一)	民生報醫藥新聞組編
(16)百病訪名醫(二)	民生報醫藥新聞組編
(17)認識醫療檢驗	劉麗芳著
(19)常見的耳鼻喉疾病	張肇雄著
(20)正確的病理按摩	吳長新著
(21)中國傳統保健法	吳長新、涂淑芳著
(23)刮痧養生保健法	吳長新、涂淑芳著
(24)刮痧拔罐健康法	吳長新著
(25)現代育兒經	林靜靜著
(26)三秒鐘健康人	林靜靜著
(27)小毛病自己看	林靜靜著
(28)寶寶生病怎麼辦(二)	王英明著
(29)女性生理衛生剖析	師明哲著
(30)一分鐘自然療法：21世紀健康指南	顏文松譯
(31)養生百忌	姚香雄著
(33)向病魔挑戰	李淑娟主編
(34)名人談保健	李淑娟主編
(35)體重控制食譜	行政院衛生署編著
(36)性字路上五十年	江萬煊著
(37)皮膚治療與保健	全鳴鐸著
(38)抗癌之道：認識癌症	繆國光著

(40)別怕膽固醇　蘇大成、陳珮蓉等著
(41)全方位孕婦保健手冊　周輝政等著
(42)抗癌之道：面對癌症　繆國光著
(43)日常病痛的穴位自療　曾啟權著
(44)更年期婦女保健手冊　周輝政等著
(45)背痛不再來　錢基蓮譯
(46)從生活中自測疾病（1）　何權峰著
(47)新好父母：養兒保健實用手冊　陳偉德著
(48)保護胎兒健康：產前檢查知多少？　鄭博仁著
(49)抗癌三十八年　吳尚庚著
(50)子宮內膜異位症之防治　李奇龍著
(51)中國養生寶典　吳長新著
(52)生個健康的寶寶：遺傳與優生　鄭博仁著
(53)常見病調理要訣　姚香雄著
(54)從生活中自測疾病（2）　何權峰著
(55)不孕症及其治療　賴朝宏著
(56)化妝品的真相　張麗卿著
(57)走出頭痛的陰影　朱迺欣著
(58)膽固醇與健康：強心的秘訣　蘇大成著
(59)如何改善你的視力　黃介宏譯
(60)糖尿病飲食「都會通」　楊美瑩著
(61)八周完全健康術　李靜芝譯
(62)做個健美的女人　刁筱華譯
(63)健康妙法（一）　陳建宇主編
(64)健康妙法（二）　陳建宇主編
(65)台灣常用食物療效180種　鄭振鴻著
(66)自己做保健：物理治療運動圖解　卓瓊鈺著
(67)眼科常見疾病　林嘉理等著
(68)病榻經（一）　陳建宇主編
(69)病榻經（二）　陳建宇主編
(70)李秋涼養生菜餚　李秋涼著
(71)台灣十大死因與防治　陳建宇主編
(72)不孕治療之最新趨勢　李奇龍著
(73)塑身減肥IQ　曾啟權著
(74)認識穴位　吳長新著
(75)防癌與抗癌人的飲食　蘇昌信著
(76)氣功革命：郭林新氣功保健功法　袁時和著
(77)健康妙法（三）：秘方與專業的對話　陳建宇主編
(78)肝炎之診斷及治療　羅錦河著
(79)老人居家看護　賈淑麗等著
(80)營養師上菜　張正莉著
(81)伴你成長：日常生活的心理問題　吳靜美著